500 PERGUNTAS SOBRE

SEXO

DO ADOLESCENTE

OBJETIVA

LAURA MULLER

500 PERGUNTAS SOBRE

SEXO DO ADOLESCENTE

Um guia para jovens, educadores e pais

OBJETIVA

Sumário

Introdução

O que é este livro?

Este livro foi feito com o objetivo de esclarecer algumas das principais dúvidas dos adolescentes sobre sexo, saúde sexual e prazer. Mas pensei também em atingir educadores e pais, ao oferecer informações para conhecer um pouco mais o universo do adolescente, suas principais dúvidas sobre sexo e algumas possibilidades de esclarecê-las.

Cheguei a essas 500 dúvidas dos jovens após uma longa jornada de palestras e oficinas com alunos de Ensino Fundamental e Médio das redes particular e pública brasileiras. A isso se somou uma série de bate-papos com adolescentes via mídia, em chats, colunas, artigos e reportagens que realizei com (e para) jovens nos últimos cinco anos.

Durante todo o tempo em que trabalhei neste livro, a grande questão que se impunha a mim era: como acertar o tom? Como escrever para o jovem sobre um tema tão polêmico sem cair na armadilha de ser conservadora demais, ou liberal demais? Além disso, como falar a cada adolescente, sendo que existem vários estágios da adolescência? Resolvi, então, escrever um pouco do que cabe a cada pergunta: ou seja, quem dita o tom da resposta é o próprio autor da pergunta (você, ou melhor, o jovem na fase em que está). Cada pergunta traz implícita essa fase, cada capítulo se configura segundo esse desenvolvimento.

No primeiro capítulo, vou direto ao ponto onde tudo parece começar. "Parece", porque, na verdade, as descobertas e as inquietações já surgem, ou podem surgir, muito antes, com a observação (ou o susto) das primeiras transformações e percepções corporais. Sigo falando no capítulo 2 sobre o grande medo dos adolescentes, de seus pais, dos educadores, da sociedade como um todo: a chamada "gravidez fora de hora", ou precoce. Fora de hora porque adolescência é fase mais indicada para outro tipo de conquistas (descobertas de si mesmo, desenvolvimento de potencialidades intelectuais e habilidades sociais, orientação para a futura profissão etc.). Precoce porque, como diz o dicionário, é prematuro, é antecipado, é "antes da hora" (hora que vai chegar numa fase seguinte, mais amadurecida, mais adulta).

No capítulo 3 é hora de falar sobre outro grande medo, o de contrair alguma doença sexualmente transmissível, em especial a Aids. E não poderia deixar de falar da camisinha e das dicas para usá-la, no capítulo seguinte, o capítulo 4. Para muitos, até aqui estaria de bom tamanho um livro que se propusesse a oferecer orientações sexuais ao adolescente. Mas será que só isso basta? Eu acho que não...

E como sou teimosa, ou melhor, sigo minhas idéias, que foram construídas num constante processo de aprendizado (e que continuam a ser revistas, refeitas, ressignificadas), então eu vou além. E chegamos assim ao capítulo 5, falando agora sobre o orgasmo e todo esse prazer sexual do qual a gente tanto ouve falar (e vive correndo atrás, não é?). Seria mesmo o orgasmo o objetivo principal do sexo? Se for, qual seria então a melhor maneira de alcançá-lo? Estas são algumas das questões que discutiremos, questões que nos levam a pensar em ereção e ejaculação no capítulo seguinte, o capítulo 6, e em masturbação e em outras práticas sexuais, no capítulo 7.

Acabou, então? Não! Calma... ainda tem mais coisa para a gente pensar, como o corpo da garota e suas principais mudanças, no capítulo 8, o corpo do rapaz e suas principais transformações sexuais, no capítulo 9, e a questão (ainda polêmica) da homossexualidade, no capítulo 10, que hoje, sem dúvida, ganha um crescente espaço na mídia e em todo lugar.

Se você chegou até este ponto do livro, tenha fôlego para um pouquinho mais, que você não vai se arrepender: é hora de saber algumas curiosidades de outras culturas (Como era no passado? Que história é essa de sexo tântrico? E de deuses mitológicos do pênis?), além de saber dados variados sobre as práticas sexuais no Brasil e no mundo (Qual a idade média de iniciação sexual? Qual o povo mais sexy do planeta?), entre outras coisas. Tudo isso no capítulo 11. Na seqüência, aproveito para tirar dúvidas que restaram, de palavras bem específicas do "linguajar" sexual: é o capítulo 12, que chamei de "Dicionário sexual". Consultá-lo é um divertimento!

Ufa, agora chegamos ao último capítulo, o capítulo 13. E como, além de ser teimosa, eu gosto de fazer algumas provocações, aí vai um desafio para você: "Você já sabe tudo sobre sexo? Ou ainda tem coisas a descobrir?" Deu para perceber do que se trata o capítulo final? É um teste para você checar seus conhecimentos sobre sexo, que serve para instigá-lo a se informar cada vez mais. Afinal, além de ninguém nascer sabendo, a vida é também um constante aprendizado! Boa leitura!

A autora

A PRIMEIRA VEZ

Capítulo 1

Vou deixar
a vida me levar
pra onde ela quiser.
Estou no meu lugar,
você já sabe onde é...

Skank, em "Vou Deixar".

Uma das coisas que mais angustiam (e estimulam) o jovem é a tão esperada primeira vez. Como é que é? Qual a hora certa? E se sair tudo errado? O que é que eu faço? Essas são questões freqüentes... e a primeira vez não é fácil pra ninguém, por mais que se esteja com muita vontade! Envolve insegurança, ansiedade, medo de pagar algum mico e de não saber direito o que fazer. Mas também envolve curiosidade e prazer. A boa notícia é que dá para passar por esse momento de um jeito muito mais tranqüilo. O primeiro passo para isso você já está dando, que é buscar informações sobre o assunto. Vamos a elas...

A VEZ DAS MENINAS

Estas são as principais dúvidas delas.
(Mas os meninos deveriam ler isto também!)

1 *Como é que é essa história de primeira vez?*

Como qualquer primeira vez da vida: o primeiro dia de aula, o primeiro beijo, a primeira menstruação, a primeira ejaculação no meio da noite de sono, e por aí vai. O que eu quero dizer com isso? Que a primeira transa envolve surpresas, fantasias, inseguranças, medos, prazeres, preocupações, diversões, escorregões e tudo o mais que todas as outras "primeiras vezes" que vivemos na vida envolveram (e envolverão) também. Ou seja: primeira transa é algo novo, e por isso diferente, curioso... e único! E essa primeira vez será sua, só sua. Quer dizer: será (ou foi?) diferente da primeira vez da amiga, do primo, do colega da academia... Ou seja: para saber como é que é, de fato, só mesmo vivendo esse momento.

2 *Qual é a hora certa?*

Na verdade, o melhor momento é aquele que você achar que é o ideal. Repito: você é quem sabe! Isso não tem a ver com a hora que seu amigo escolheu, ou sua amiga, ou a turma toda, ou o namorado, ou a namorada, ou seja lá quem for. Você precisa estar se sentindo segura e preparada para isso. Ou seja: você precisa estar, de fato, realmente a fim. Se você ainda se sentir em dúvida, talvez seja melhor esperar um pouco mais. E ponderar, dar um tempo para si mesma, pesar prós e contras... Mas, se tomou a decisão de ter a tão esperada primeira vez, então é importante também lembrar que sexo é coisa para gente responsável, seja na adolescência ou em qualquer outra fase da vida. Isso quer dizer que: 1. você precisa se informar sobre métodos para evitar uma possível gravidez não desejada; 2. é necessário se conscientizar de que, hoje em dia, é importantíssimo fazer sexo seguro, ou seja, com camisinha; 3. é fundamental escolher uma pessoa bem bacana (alguém muito especial mesmo, escolhido a dedo) para estar com você nesse momento tão importante!

3 *Não sei se devo transar ou não. Vivo na maior dúvida. Às vezes acho que quero, outras vezes morro de medo. O que eu faço?*

Hummm, esta pergunta é delicada. Você é quem vai ter de decidir. Cada pessoa tem sua hora certa. Não há uma regra para todas as garotas (nem para todos os rapazes). Você precisa se sentir realmente preparada para isso, tanto física como emocionalmente. Como assim? Em outras palavras, isso significa, como já disse um pouco na questão anterior, que você precisa estar por dentro dos principais métodos contraceptivos (ou seja, aqueles usados para evitar gravidez fora de hora) e de como se prevenir contra as DST (doenças sexualmente transmissíveis), além de – o mais importante de tudo – estar realmente segura do que você quer (e a fim)!

4 *E se eu não estiver muito a fim de perder a virgindade (mesmo que meu namorado insista), faço o quê?*

A perda da virgindade é um momento marcante na vida da menina (e do menino também). Essa decisão requer uma dose de maturidade, para que, depois, o saldo dos sentimentos seja mais positivo do que negativo em relação à primeira vez. Quando a gente não se sente muito preparada para a iniciação sexual, as coisas podem ficar meio complicadas. Nesses casos, é comum, depois, ficar com culpa, vergonha ou outro sentimento negativo em relação ao sexo. Isso não é nada legal, você não acha? Vale lembrar: sexo é para ser algo muito positivo para a vida de qualquer pessoa. Mas a gente precisa escolher o momento adequado para experimentar esse prazer. Mais uma vez, a dica é: não adianta querer começar só porque os amigos já fizeram sexo ou porque o parceiro ou a parceira pressiona. Essa é uma decisão pessoal, ou seja, cabe exclusivamente a cada pessoa. É você quem precisa decidir se chegou ou não a hora.

Outra dica: aprender a usar camisinha, ir ao médico e se informar direitinho sobre métodos para evitar a gravidez fazem parte do pacote para que tudo saia bem.

5 *Namoro um garoto há dois meses e começamos a acariciar um ao outro e... quase transamos! Será que aceleramos demais?*

Cada pessoa precisa fazer uma consulta a si mesma para ver se aquilo vai ser bacana ou não para ela. O que é importante pensar é que a gente não precisa ter pressa para nada. Pode deixar as coisas acontecerem com calma, a seu tempo, quando você se sentir preparada para dar esse passo ou aquele. É importante também sempre buscar informações, em livros como este, ou com educadores etc. Mas não basta se informar: é preciso parar um pouco para pensar. E pesar prós e contras. Enfim, é preciso refletir e buscar o que for melhor para você. Assim tudo fica muito mais saudável, confortável e prazeroso. Resumindo: quer saber se acelerou ou se estava mais do que na hora de ir um pouco além? Pergunte a si mesma e descubra!

6 *Namoro há quase um ano e estamos naquela fase de não agüentar mais segurar. Estamos certos de que é a hora. Afinal, transo ou não transo?*

Você se sente preparada para isso? Falamos disso em questões anteriores: quem tem de estar realmente a fim de tomar a decisão pela sua primeira vez é você, certo? Há também outras questões a se levar em conta antes da primeira vez. Vamos ao *check-list*: 1. Você foi ao ginecologista para se informar sobre como anda a sua saúde sexual? 2. Você foi ao ginecologista para saber qual o método mais indicado para evitar a gravidez no seu caso? Importante: cada pessoa é uma pessoa e o método da amiga pode não ser tão bacana assim para você; só mesmo o médico para dar a recomendação adequada (e você pode ler mais sobre isso no capítulo escrito exclusivamente sobre gravidez e como evitá-la, nas próximas páginas deste livro). 3. A camisinha está nos planos, né? Claro que sim! Gente esperta jamais faz sexo sem preservativo – nem por uma vezinha só! Sabe por quê? Essa é a única forma de se proteger contra as DST (doenças sexualmente transmissíveis), como o vírus HPV, a aids etc. (como você também pode se informar melhor no capítulo 3, sobre as principais doenças). E há milhões de vírus e bactérias por aí... Não dá para se arriscar! Resumindo: avalie as coisas e tome sua decisão com responsabilidade. Não é nada fácil, sei disso. Mas vale a pena ir por aí!

7 *E se der tudo errado?*

Sair uma coisa ou outra errada é algo que faz parte dessa história (e de qualquer outra!). Nada é perfeito. Ninguém é perfeito. Mas, por outro lado, é improvável que TUDO saia completamente errado. Sempre há algo de bom!

8 *Morro de medo de pagar algum mico na hora... E aí?*

Mico, em alguma hora, todo mundo paga. Isso é normal. Acontece com qualquer pessoa! Fazer o quê? Dar risada pode ser uma boa saída! Sabia que bom humor tem tudo a ver com prazer?

9 *Uma amiga minha disse que sentiu vontade de fazer xixi bem na hora e foi um micão... O que ela deveria ter feito nesse caso?*

Isso pode acontecer com qualquer uma! O mais fácil nessa hora é simplificar as coisas: qual o problema de ir fazer xixi? Isso não é uma coisa natural de TODO ser humano (mesmo que a hora não seja muito adequada)? Então, por que ficar com vergonha? A dica vale para dezenas de outras coisas que podem ocorrer "de repente" e que são perfeitamente naturais!

10 *O meu mico foi o primeiro beijo: achei um nojo e não consigo mais beijar ninguém. Imagine transar! Acho que isso nunca vai rolar! O que eu faço?*

Primeiro de tudo, respeite os seus limites. Dê tempo ao tempo. Beijo na boca não é para ninguém sair dando por aí a torto e a direito: fica muito mais legal quando o garoto é especial para a menina e vice-versa. Essa é uma questão. A outra é: você ficou com nojo de quê? Se você escolheu uma pessoa bacana (e que seja especial para você), não precisa ficar com nojo, não. Beijar na boca é assim mesmo. Sabe do que mais? É muito gostoso quando você se sente muuuuito a fim do menino. Aí dá vontade de abraçar, beijar, ficar juntinho...

11 *Acho que meio que decidi: quero transar com meu namorado. Mas até agora fico encanada com a tal da "hora certa". Como eu vou ter certeza absoluta que chegou? Alguém pode me dizer "Vai!"?*

Não. Ninguém, além de você, consegue dar esse sinal verde de maneira tão acertada. Sei que esta é uma questão difícil e polêmica, que causa um enorme desconforto em você. Mas, pense bem: é difícil alguém chegar para qualquer garota e liberar "Tudo bem, vá em frente". Sabe por quê? Porque para cada pessoa existe uma "hora certa"!!! A sua é diferente da amiga, que foi diferente da outra amiga, que foi diferente da prima, que foi diferente da irmã, da tia, da mãe, da professora, da minha... Ou seja, varia muuuuito de pessoa para pessoa! O que dá para a gente levar em conta é que não vale a pena ter essa tão esperada primeira transa quando você ainda não está segura disso. Volte às questões anteriores deste capítulo e reveja pontos importantes que podem ajudá-la a tomar a decisão de ir em frente ou esperar um pouco mais.

12 *Pensei em conversar com a minha mãe, mas, não sei, não. Ela não vai aceitar que eu queira transar. O que eu faço? Conto ou não conto?*

Eu é que sei? Claro que não! De jeito nenhum! Quem decide se conversa ou não conversa, ou se faz ou não faz, é exclusivamente você. É assim que a gente deve lidar com os nossos sentimentos e desejos. Não vai ser o namorado, ou a amiga, ou qualquer outra pessoa que determinará sua melhor atitude. Quem dá a palavra final é você. Se você prefere se abrir com sua mãe, ótimo. Faça isso e pronto. Agora, se você prefere não falar da sua intimidade, também não há mal algum nisso. Você tem o direito de escolher. É a sua intimidade. Você decide.

13 *Como um menino sabe que uma garota é virgem?*

Curiosa esta pergunta, você não acha? Será que o jeito mais fácil de saber não seria pelas palavras da própria garota? Acho engraçada uma coisa: as pessoas querem viver um momento tão íntimo como esse, que é o sexo, mas ficam com vergonha de conversar sobre o assunto. Seria bem melhor se fosse possível falar mais abertamente sobre sexo, dizer o que gostaria de dizer, perguntar o que gostaria de perguntar. Mas há um detalhe muito importante nessa história: cada pessoa tem o direito à privacidade – e só deve contar sobre uma intimidade dessas (no caso, se é virgem ou deixou de ser) se estiver realmente a fim de falar. Caso contrário, tem todo o direito de não revelar nada sobre sua vida íntima. Outra coisa a pensar: se resolver contar mesmo para alguém, pra que mentir? Mais uma: se a outra pessoa ficar duvidando, talvez seja melhor rever alguns pontos do relacionamento com essa pessoa. Tanto mentir para o outro como duvidar de quem se abriu não é nada bacana numa relação a dois.

14 *Se o menino olhar, ele vai ver o meu hímen ali no lugar?*

É difícil para um garoto ou uma garota olhar e perceber direitinho se o hímen está ali, intacto. Ou ainda reconhecer qual é o tipo. Isso é mais facilmente feito em consultório de ginecologista. Mas, fica a pergunta: pra quê? Ser ou não virgem é algo que cabe exclusivamente à garota. Se o namorado desconfia, isso é uma outra questão. Em casos como esse, talvez seja a hora de bater um papo franco com ele sobre o relacionamento de vocês como um todo: a importância de confiar um no outro, de respeitar a privacidade um do outro, e outras coisas mais.

15 *Sou virgem. O menino vai sentir a presença do meu hímen durante a primeira relação?*

O hímen é uma membrana que, na maioria dos casos, se rompe com facilidade durante a penetração. Ou seja, não dá muito para "sentir a presença" do dito cujo. O que ocorre, geralmente, é que a menina está tensa, preocupada e ansiosa nas primeiras relações. Aí, muitas vezes contrai toda a musculatura da região vaginal. Além disso, como não consegue relaxar, não se estimula muito e, em conseqüência, não produz aquela lubrificação vaginal natural (que nosso corpo libera na hora daquele superclima). Por causa de fatores como esses, fica mais difícil a penetração. Resumindo: diante de tudo isso, não dá muito para "sentir" o hímen. O que se percebe, às vezes, é uma certa dificuldade na hora da penetração por causa dos fatores descritos acima. Mas isso não acontece apenas se a menina for virgem. Pode ocorrer com qualquer mulher, de qualquer idade, se ela não estiver tranqüila e despreocupada o suficiente para que o relacionamento erótico seja bem bacana. Só um lembrete: mais importante do que se preocupar com o hímen é refletir sobre o momento certo de iniciar a vida sexual.

16 *Quando uma menina como eu perde a virgindade, dá para notar realmente as mudanças no corpo de um dia para o outro?*

De que mudanças você está falando? Crescimento de uma parte do corpo, diminuição de outra? Ou o quê? As coisas não mudam assim, de um dia para o outro, não. A única alteração corporal que ocorre de uma hora para outra é o rompimento do hímen (aquela membrana que fica na entrada da vagina). Isso na parte física. Quanto ao lado emocional, é outra história. A gente vive uma tonelada de emoções diferentes, talvez algumas muito boas, talvez outras que angustiam um pouco. É assim mesmo... Faz parte desse momento!

17 *Dá mesmo para, ao tocar, o garoto saber por este meio se a garota é ou não virgem? Meu namorado me tocou e não acreditou...*

Que namorado, hein? Uma das bases de uma relação bacana é a confiança um no outro. Não acreditar no que você diz não é nada legal (além disso, você não precisa provar nada a ninguém, não é mesmo? A sua vida sexual é de quem? De você!!!). O que provavelmente ocorreu com vocês na hora do sexo é uma reação natural do corpo feminino. Quando a mulher está bastante excitada, a vagina dobra de tamanho. É verdade: o canal vaginal se alarga e se aprofunda (dobra de tamanho mesmo!), além de ficar naturalmente lubrificado. Isso ocorre com o corpo de todas as mulheres, virgens ou não. É um mecanismo natural. Se o seu namorado a tocou nesse momento, provavelmente sentiu essa reação do seu corpo. E começou a fantasiar que você não era virgem. Talvez ele não saiba dessas mudanças femininas... mas dá para saber sobre isso e muito mais do corpo da garota nas páginas seguintes: há um capítulo só sobre esse tema. Vale uma lida!

18 *Ele insiste em dizer que não sou mais virgem, mas eu sou. Como posso provar a ele?*

Que namoradinho desconfiado esse seu, hein? Se você está afirmando uma coisa, o que mais ele quer saber? Vale repetir: está faltando um detalhe básico nessa história de vocês, que é a confiança. O relacionamento fica muito mais legal quando um acredita no outro! Além disso, essa história de ter de provar virgindade é coisa do passaaaaaaaaaaaaaado. Tá totalmente fora de moda, você não acha?

19 *Não sei não... Acho que devo fazer um teste de virgindade para meu namorado acreditar. Não seria melhor?*

Ai, essa doeu nos meus ouvidos. Teste de virgindade é coisa de novela (ou de outra cultura). E essa novela até já acabou (há anos)... Quero dizer o seguinte: 1. novela é ficção; 2. não tem nada a ver querer fazer o mesmo na vida real; 3. está bem longe da nossa realidade cultural. Talvez seja melhor ter uma conversa franca com o seu namorado. Há alguns pontos que fazem toda a diferença numa relação bacana. Um deles: não ficar pedindo provas absurdas como essa para o outro. A sinceridade de cada um deveria bastar, você não acha?

20 *Meu namorado colocou o dedo dentro da minha vagina. Depois, disse que com isso eu perdi minha virgindade. Isso é verdade?*

Não dá para saber. Há diversos tipos de hímen, uns que se rompem com mais facilidade e outros que não se rompem tão facilmente assim, permitindo até mesmo a introdução de um dedo. É difícil olhar e descobrir qual é o seu. Para saber melhor, só mesmo indo ao ginecologista e conferindo com ele.

21 *Absorvente interno tira a virgindade?*

Assim como para a questão anterior, a resposta é: depende do tipo de hímen. Há vários tipos, inclusive um com um orifício central que costuma permitir a passagem do absorvente interno de tamanho pequeno sem o risco de rompimento. Mas, mais uma vez, vale dizer: para saber se esse é o seu caso, só mesmo visitando o ginecologista e checando com ele.

22 *Que história é essa de vários tipos de hímen?*

É verdade, há vários tipos mesmo! O tipo mais comum de hímen é o anular: é uma membrana com um pequeno orifício central, por onde escoa o sangue da menstruação enquanto a menina ainda é virgem. Um outro tipo, o complacente, é extremamente elástico e não se rompe com facilidade. Ou seja, a garota que nasceu com esse hímen pode até ter uma ou mais relações sexuais com penetração sem que ele se rompa. Existe também um que é bem raro, o imperfurado: como o próprio nome diz, ele não tem nenhum "furo", ou seja, é preciso fazer uma pequena cirurgia (o ginecologista é quem faz) para que o sangue da menstruação escoe, quando a garota ainda é virgem. Mais um: o cribiforme, que tem uma série de pequenos orifícios. Este também é pouco comum.

23 *Quando a menina deixa de ser virgem, sai sangue e dói?*

Nem sempre há sangramento e dor quando o hímen se rompe. Isso depende do tipo de hímen e do quanto você está excitada na hora H. Se estiver bastante estimulada, a vagina vai se lubrificar e dobrar de tamanho, como a gente já começou a falar nas questões anteriores. E essas mudanças corporais facilitam a penetração: ocorrem para que o sexo traga muito prazer em vez de dor. Mas... como sexo tem um pouco a ver com aprendizado, pode ser que nas primeiras vezes as coisas não saiam como o esperado. A dica é: vá com calma, procurando, aos poucos, descobrir como pode ser prazeroso.

24 *Eu e meu namorado tentamos transar algumas vezes, mas eu não consigo porque dói muito. Isso é normal ou posso estar com algum problema?*

É importante você tentar relaxar um pouco mais para conseguir ter essa tão esperada primeira vez. Muitas vezes, a gente fica tão tensa e preocupada que pode até contrair sem perceber a musculatura próxima à vagina, e aí a penetração fica complicada. Claro que a primeira vez, ou melhor, as primeiras vezes deixam qualquer pessoa cheia de expectativas e, por conta disso, bastante tensa e ansiosa. Isso é normal. Tentar criar um clima cada vez mais confortável entre você e seu namorado é uma dica para começar a lidar com essa ansiedade. Vale um lembrete: tem que usar camisinha! Não se esqueça dela, nem na primeira, nem na segunda, nem na milionésima vez. Só assim você garante que o sexo seja, de fato, seguro e prazeroso. Mais uma dica: sempre que a gente sente alguma dor, vale a pena visitar um ginecologista. Essa será também uma excelente oportunidade para você esclarecer mais uma série de dúvidas sobre sua saúde sexual (e também sobre algo fundamental: os métodos para evitar a gravidez).

25 *A dor pode ser, em vez de uma encanação minha, algum problema físico?*

Pode. Mas quem vai dizer isso ao certo é o ginecologista. Ele vai examiná-la e verificar de perto se está tudo OK com a saúde de seus genitais. Esse é mais um motivo para, antes da primeira vez, marcar uma consulta com o médico. Ele é o profissional mais indicado para dar uma série de orientações, como a gente falou anteriormente: o método mais indicado para evitar a gravidez, o uso de camisinha etc.

26 *Já fui a uma ginecologista e ela disse que está tudo normal. Mas, mesmo assim, dói muito e eu não consigo ter a primeira vez. Qual o melhor método para acabar de vez com esse hímen?*

Não é uma questão de hímen, não. O hímen é uma membrana que geralmente se rompe com facilidade. E também não costuma doer nada! O que provavelmente está ocorrendo é uma tensão que faz com que você não consiga relaxar na hora H. Aí, você contrai involuntariamente os músculos da vagina e não há como acontecer a penetração. Mas a boa notícia é que há solução. Sabe qual? Você precisa tentar descobrir o que causa tanta ansiedade, tanto medo e tanta tensão em relação à penetração vaginal. O que será? É preciso investigar... Se você quiser mais ajuda nessa "investigação emocional", pode ser bem bacana procurar um psicólogo para conversar pessoalmente sobre isso. Detalhe: psicólogo não é apenas "médico de louco", não, como infelizmente algumas pessoas ainda costumam pensar. Na verdade, é um profissional que pode ajudar – e muito – quem está em busca de se conhecer melhor e descobrir boas maneiras de lidar com as complicações naturais que rolam na vida de qualquer pessoa.

27 *Existe algum tipo de anestesia para que, na hora da minha primeira relação, a dor possa ser mínima e não causar tanto desespero?*

Ficou doida? Que história é essa de que a primeira vez causa desespero? Se você acha que é para ser assim, melhor não ser... Ou seja: se o medo é grande, talvez ainda não esteja na hora de ocorrer sua primeira vez. Saiba que doer é uma coisa. Morrer de dor é outra. Dói quando a menina está muito preocupada com o sexo e não relaxa o suficiente. Ou se começou a penetração antes de ficar bem excitada. Mas isso é fácil de contornar: você só precisa caprichar no pré-aquecimento (as preliminares de que as revistas tanto falam): nos beijos, nos abraços, nos carinhos... E é preciso também deixar de lado as encanações do tipo "Será que vai ser bom?", "Será que vai doer?", "Será, será?". Essas encucações atrapalham muito, pois geram uma ansiedade enorme. Deixar rolar, sem se preocupar demais, é um dos segredos para ser bem legal.

28 *Qual a posição mais confortável para a garota na sua primeira vez (se é que existe alguma)?*

É claro que há!!! A primeira vez pode ser superconfortável, sabia? Esse papo de que sempre dói é um exagero. Nem sempre (como a gente já disse em questões anteriores). Tudo depende do quanto você está relaxada, tranqüila, a fim e preparada para a primeira experiência sexual. Quanto à melhor posição, varia de menina para menina. Cada uma deve procurar qual é a mais agradável para ela. As opções são muitas: lado a lado, por cima, por baixo... Como saber qual a melhor? É preciso experimentar.

29 *Sou meio tímida, apesar de dar vários amassos no meu namorado. Decidi transar, mas estou com medo de não rolar legal pela minha timidez. Será?*

Não necessariamente. É supernatural a gente se sentir insegura e até "meio tímida" com a primeira transa. Mas não adianta querer ser uma *expert* no assunto se você nem sequer experimentou, não é? A dica é: vá devagar e não se cobre tanto. Só isso. É simples. A gente é que tem mania de complicar.

30 *Mas, o que eu devo fazer, na prática, para que eu me solte mais e essa primeira transa seja realmente inesquecível?*

Uma coisa legal que eu tenho certeza de que você já fez: pensou, ponderou e decidiu de maneira amadurecida que chegou a hora de dar esse passo. Quanto a ser inesquecível, que tal não ficar fazendo muitos planos nem criando expectativas demais? Quando a gente se cobra muito, corre o risco de ficar insatisfeita! Apenas deixe acontecer, com espontaneidade. Surpresas (boas e ruins) com certeza surgirão! Esse pode ser o grande barato da primeira vez: surpreender-se. Ou seja, talvez esse imprevisto é que torne tudo inesquecível!

A VEZ DOS MENINOS

Estas são as principais dúvidas deles.
(Mas as meninas deveriam ler isto também!)

31 *Ouvi dizer que, quando a menina é virgem, depois da relação, ou ela te ama, ou te odeia. Isso é verdade?*

As coisas nem sempre são tão radicais assim: ou ela ama ou ela odeia. Entre um extremo e outro, muita coisa pode ocorrer. Em muitos casos, a sensação que fica das primeiras experiências é justamente algo no meio-termo: é gostoso e com muito desejo e prazer, mas ao mesmo tempo é um momento difícil, pois há muita ansiedade e falta de experiência em jogo. Todo mundo passa por momentos de falta de experiência, ansiedade e até mesmo medo em relação à hora H. Afinal, ninguém nasce sabendo tudo sobre sexo! A dica é: não se preocupe tanto assim. O ideal é decidir bem a hora de ter essa primeira experiência sexual, sem se deixar levar por pressões de amigos, ou de qualquer outro tipo. Cada pessoa precisa estar realmente segura de que chegou o seu momento de se iniciar sexualmente. E o que fazer quanto a possíveis micos na primeira vez (ou primeiras vezes)? Deixar rolar! Todos nós pagamos um mico ou outro. Isso é normal. O melhor é encarar com bom humor e aproveitar ao máximo esse momento tão bacana. Detalhe: de camisinha, sempre!!!

32 *Meus amigos já transam. Eu não. Que idade é a certa para um garoto? Será que é muito cedo se resolver transar com uns 14 ou 15 anos?*

A idade ideal varia de pessoa para pessoa. O ideal, na verdade, é a gente partir para a primeira experiência sexual quando estiver realmente se sentindo maduro para isso. Não é legal quando a gente decide transar só porque, por exemplo, todo mundo já transou. Ou porque tem alguém pressionando para fazer isso. Ou seja: é preciso que você realmente sinta que chegou a hora. Aí, para que as coisas ocorram da melhor maneira possível, é importante estar bem informado sobre como se prevenir de doenças sexualmente transmissíveis e como evitar uma gravidez fora de hora. Ou seja: é imprescindível aprender a usar a camisinha – e usá-la desde a primeira vez! Como você vai aprender? Treinando em casa, sozinho, o quanto for preciso. Com o pênis ereto, repita a colocação da camisinha até aprender direitinho. Você pode ver o passo a passo da colocação da camisinha no capítulo 4, que trata desse tema. E vale também uma ida ao médico para ver como anda a saúde da sua região genital (pênis etc.), além de tirar as dúvidas que surgirem.

33 *Sou um garoto de 16 anos e nunca transei. Vivo na maior dúvida: às vezes me vejo desesperado para transar, mas outras vezes morro de medo. Faço o quê?*

Hummm, esta pergunta é delicada. Você é que vai ter de decidir. Assim como ocorre com as meninas, cada garoto tem o seu momento, e não há uma regra para todos. Você precisa se sentir realmente preparado para isso e estar realmente a fim! Como eu sempre digo a 100% dos adolescentes com quem converso, não basta fazer isso ou aquilo só porque: 1. todo mundo já fez; ou 2. a namorada, de certa forma, pressiona; ou 3. os amigos pressionam; ou 4. andam dando risada de você porque descobriram que você ainda é virgem. O bacana é você achar que chegou a hora – e que encontrou uma pessoa legal para estar com você!!! Lembrete 1: é importante que essa pessoa seja realmente especial para você. Lembrete 2: é importante usar camisinha. Lembrete 3: é importante usar um método para evitar a gravidez fora de hora. Dá para ler mais sobre isso (camisinha + anticoncepcional) nos capítulos específicos para cada tema.

34 *Fiz 19 anos e ainda sou virgem. Tenho até uma boa aparência, mas ainda não transei. É normal um jovem de 19 anos, nos dias atuais, ainda ser virgem?*

E daí que você ainda não transou? Não há uma idade certa para a pessoa ter a primeira relação sexual – nem para os garotos, nem para as garotas. Isso depende de uma série de fatores, como já venho dizendo nas questões anteriores deste capítulo. O principal deles: você precisa achar que "OK, chegou mesmo a hora para mim!". Não vale a pena transar apenas por motivos como "Estou me achando velho demais para começar". É importante VOCÊ sentir, de fato, vontade de dar esse passo. E lembre-se de que, depois de chegar a essa decisão, a principal coisa a fazer é treinar colocar a camisinha, o que pode ser muito, mas muito divertido: durante a masturbação, experimente uma, duas, dez, quantas vezes forem necessárias. Nos dias de hoje, com tantas DST (doenças sexualmente transmissíveis) por aí, não dá para ter uma transa sequer sem camisinha. Muito menos a primeira transa de todas!

35 *Tenho 17 anos e quero muito transar, só que tenho muito medo dessa primeira vez!!!*

A primeira vez é complicada para TODO mundo. Não é nada fácil vencer a inibição, a vergonha, o medo e as encanações, como essa que você tem. São tantas preocupações na cabeça: "Será que vou me sair bem?", "Será que vai dar tudo certo?", "Será que a outra pessoa vai gostar?" e "Será que eu vou gostar?". Questões como essas não param de incomodar. Sabe qual é a dica? Não se preocupe tanto assim. Todo mundo terá ou teve a primeira vez um dia, não é verdade? E todo mundo passa por escorregões, deslizes, vergonhas... mas também momentos de muuuuito prazer. Ou seja: não fique se cobrando demais. As primeiras transas são momentos delicados mesmo, para todas as pessoas. E fica muito mais fácil quando a gente entende isso e pára de se preocupar demais. Só um detalhe-lembrete (que eu vou repetir 1 milhão de vezes, se for preciso): camisinha é fundamental, desde a primeira vez.

36 *Morro de vergonha de que descubram que ainda não transei e riam de mim. O que devo fazer?*

Sabemos todos que não é nada fácil lidar com possíveis piadas e gozações da turma. Mas também já sabemos que tomar a decisão de transar logo só por causa disso é uma verdadeira roubada. Cada coisa tem seu tempo. Pense nisso!

37 *Não rolou minha primeira vez com minha namorada porque não consegui fazer a penetração. Como eu consigo?*

Você precisa entender que a gente nem sempre acerta tudo da primeira vez. Sabe por quê? Há uma grande dose de ansiedade em jogo, tanto sua como da sua namorada. Aí, a coisa se complica mesmo. Isso é normal! A dica é: vá sem pressa, sabendo que, quando o assunto é sexo, a gente aprende tudo beeeeeeeeeem devagar. É assim mesmo, com a maioria das pessoas. Ficar encanado e angustiado não tem nada a ver. O melhor é relaxar. Com o tempo, tudo se acerta. Vá com calma!

38 *Tivemos nossa primeira vez não faz muito tempo, mas eu não gostei: acho que tive uma ejaculação precoce. Foi tudo muito rápido. O que eu devo fazer?*

Antes de tudo, desencanar. É assim mesmo, com muita gente. A primeira vez, ou melhor, as primeiras acontecem em um clima de grande ansiedade e expectativa, não é? E nem sempre sai tudo como a gente planejou, você já sabe disso. Mas isso é normal, e ninguém deve se preocupar. Ejacular rápido tem a ver com essa ansiedade. Com o tempo, é bem provável que você aprenda a se perceber melhor e descubra aos poucos como controlar a ejaculação por mais tempo. Leia mais sobre esse tema (ejaculação rápida) no capítulo 6, sobre ereção e ejaculação.

39 *Teve outro problema, além da ejaculação rápida: ela não teve um orgasmo! E aí? Fazemos o quê?*

Com a menina, ocorre uma situação semelhante à do garoto: o estado emocional também pode dar uma complicada na transa. E não atingir o orgasmo pode ser fruto de uma certa dose de tensão, de preocupação, de encanação. Ou também do fato de ela ainda não ter descoberto direitinho o melhor caminho para chegar lá. A dica é: não se cobrem tanto. É preciso ir com calma, gente! Aos poucos, vocês vão encontrar a melhor maneira de lidar com a sexualidade e com o prazer. Vale um lembrete: a gente não descobre tudo no sexo assim, de uma hora para outra. Com paciência e tranqüilidade, você (e ela) só tem a ganhar!

40 *Não tive minha primeira vez ainda por causa da camisinha: foi difícil de colocar e, quando consegui, ficou meio esquisito. Tentei novamente, e não deu. Foi um mico e não rolou sexo. O que devo fazer?*

Usar camisinha é questão de treino. Só mesmo tentando uma, duas, dez vezes (ou mais) é que você vai pegar o jeito. Ou seja: você precisa treinar em casa, sozinho, até ficar seguro para colocar a camisinha na frente de uma garota. Nas próximas páginas, há um capítulo exclusivo com dicas sobre o uso da camisinha. Dê uma lida! Para colocá-la, é o seguinte: 1. Abra o envelope com as mãos (e não com a boca ou a tesoura, para evitar furar a camisinha e comprometer a eficácia dela); 2. Com uma das mãos, pressione a ponta para tirar o ar (essa pontinha é um reservatório: é ali que ficará o sêmen após a ejaculação); 3. Com a outra mão, vá desenrolando a camisinha da cabeça até a base do pênis (tem um lado certo para ir desenrolando, e isso você pode perceber na hora: é o lado em que ela desenrola com maior facilidade); 4. Após a ejaculação, com o pênis ainda ereto, é só ir desenrolando devagar, dar um nó na ponta e jogar no lixo. Treine! Você consegue! E lembre-se: ninguém nasce sabendo. Quer visualizar melhor esse passo a passo? Dê uma olhada no capítulo sobre o uso da camisinha. Vale a pena conferir!

41 *Vou ter a primeira vez e não quero usar camisinha para não correr o risco de me complicar todo. Tudo bem usar só nas próximas?*

Tudo bem nada! Camisinha tem de usar desde a primeira vez! Leia de novo a questão anterior e treine, treine, treine sozinho. Você com certeza vai conseguir. E só ter calma, paciência e... consciência de que é só com camisinha que o sexo é realmente seguro! Vale a pena usá-la! Você consegue! Invista nisso!

42 *Eu e minha namorada praticamos sexo anal há quase um ano, mas ela não deixa rolar o vaginal. Os pais dela são muito conservadores e eu acho que o medo vem daí. Mas praticar sexo anal não é muito mais não-conservador?*

É verdade: o sexo anal costuma ser muito mais tabu do que o vaginal. Mas isso quando a pessoa já tem uma vida sexual ativa. Se a menina ainda é virgem, as coisas muitas vezes costumam ser diferentes. Acontece assim: muita garota cresce aprendendo a valorizar a virgindade. E a preservá-la, custe o que custar. Mas o namoro começa e, com ele, todo aquele clima gostoso de erotismo e sedução. Aí, ela fica dividida. Sente uma imensa vontade de transar, mas teme ir contra o que aprendeu desde pequena. Então, em alguns casos, ela opta por praticar sexo anal, garantindo, assim, que o hímen permaneça ali, quietinho, intacto. Decidir qual a melhor hora de praticar o sexo vaginal não é nada fácil. Que tal deixar que as coisas ocorram naturalmente, sem pressão, com tranqüilidade e no momento certo? E quando essa hora certa vai chegar? Isso não dá para adivinhar. Nem marcar uma data, né? Só a garota em questão poderá dizer quando se sentirá preparada. Outra dica: que tal curtir cada detalhe das experiências que vocês já estão vivendo? Com certeza, assim ficará muito mais interessante...

43 *Estou doido para transar com ela, mas ela está em dúvida. Não queria terminar o namoro por causa disso, mas não sei mais o que fazer. Já tentei conversar com ela, mas ela sempre me enrola e pula fora.*

Que tal começar imaginando que deve ser difícil mesmo para uma garota tomar a decisão de dar esse passo tão importante na vida de uma pessoa? Aliás, a primeira vez costuma ser marcante para qualquer um – tanto para a garota como para o rapaz. E às vezes a gente ainda não se sente mesmo preparada para isso. Será que essa hora H vai chegar? É bem provável que sim. Mas é preciso ter calma e deixar rolar. Se um só estiver se sentindo pronto e o outro não, pode ser que as coisas não saiam tão bacanas como se imagina. A dica é: calmaaaaa!!! Eu sei que não é fácil ter calma numa hora dessas, mas não adianta querer forçar a barra e correr o risco de ser tudo meio esquisito, como não deveria ser. Enquanto isso, será que não vale a pena aproveitar os amassos? Existem N maneiras de curtir ficar junto. Sexo é uma delas, mas não é a única.

44 *Transei com duas meninas até hoje, e elas disseram que eram virgens. Achei curioso que as duas, já no primeiro dia, fizeram sexo oral e anal. Quero saber se é assim mesmo ou se dei sorte.*

Difícil dizer se é assim mesmo, ou se você deu sorte. O que a gente pode dizer é que as pessoas estão cada vez mais abertas a fazer outras práticas sexuais além da penetração vaginal. E o sexo anal e o oral estão deixando de ser tabu. Deixar de ser tabu é um lado positivo dos dias de hoje. Entretanto, um lado um pouco negativo, a meu ver, é que muita gente está resumindo o sexo a uma forma de se chegar ao orgasmo. E ponto final. Será que é só isso mesmo? Ou será que sexo envolve afeto, carinho, cumplicidade, parceria, relacionamento com alguém que seja especial para a gente? Será que não é mais bacana quando o sexo representa tudo isso, em vez de ser algo menor, como a simples obtenção de um orgasmo? Talvez pensar a respeito disso valha mais a pena do que você querer descobrir se deu sorte ou não com as meninas com as quais esteve. "Sorte" também é algo sobre o que vale a pena refletir, mas talvez direcionado para outro foco: será que você deu a sorte de procurar pessoas especiais para você e, só então, fazer sexo? Ou deu o azar de sair por aí fazendo sexo como muita gente faz: só por fazer, sem a menor responsabilidade, maturidade e significado?

45 *É normal sentir vontade de transar a toda hora depois da primeira vez?*

É sim. Quando a gente começa a ter as primeiras experiências mais quentes, acaba pensando nisso 24 horas por dia mesmo. É absolutamente natural. Tem dois motivos básicos. O primeiro: como namorar e dar amassos é uma novidade, isso fica o tempo todo na sua cabeça. É pensamento fixo mesmo. Não sai da cabeça de jeito nenhum (e, claro, dá a maior vontade de ficar beeeeem junto). Motivo 2: o seu corpo conspira para que você se sinta assim. Sabe como? Os hormônios (tanto do garoto como da garota) fazem com que o seu desejo fique a mil por hora. Com o tempo, toda essa vontade diminui um pouco. Resumindo: isso que você está sentindo é natural!

46 *Fico só pensando em sexo, mas ainda nem beijei na boca! Será que tem algo de errado comigo?*

Errado? Por quê? O fato de você nunca ter beijado na boca não quer dizer nada. Pare de se preocupar com essa bobagem! Cada pessoa tem um ritmo próprio. Algumas pessoas agem de um jeito, outras, de outro. E daí? O melhor é respeitar o seu ritmo e deixar as coisas acontecerem naturalmente com você. Não é legal fazer uma coisa ou outra só porque seus amigos fazem. Ou porque alguém está pressionando. Dê um tempo para você! Beijar na boca é uma delícia, sim, mas sabe qual é a melhor hora de fazer isso? Ou de dar um amasso? Ou de fazer sexo? Como eu já disse para as garotas na primeira pergunta deste capítulo, é a hora em que a pessoa mesma decidir – sem pressões dos outros, nem encanações!

47 *E como é que eu faço para deixar de ser BV (boca virgem)? Morro de vergonha de tomar essa iniciativa e me dar mal...*

Como é que você faz? Não tem receita! Mas talvez uma dica seja: não adianta ficar planejando demais. Essa coisa de criar um roteiro e achar que vai conseguir seguir cada passo é pura bobagem. Que tal deixar pintar o clima e... ver no que dá? Sem ensaios, sem *scripts*, só deixando rolar.

48 *Tenho percebido que não consigo me aproximar de ninguém. Beijar, ficar e, quem sabe, algo mais, nem pensar! O que eu faço?*

É difícil dizer a uma pessoa o que ela deve ou não fazer nessas primeiras experiências amorosas. O que a gente percebe é que todo mundo experimenta uma série de sentimentos: ansiedade, uma certa timidez, preocupações mil, vergonha etc. etc. etc. O que fazer? O ideal é, antes de tudo, cada um perceber o seu jeito de ser (e não ficar brigando consigo mesmo) e, a partir daí, experimentar maneiras de se comportar. Se vai dar certo ou não? Só mesmo ao ter coragem para experimentar é que dará para saber! Lembre-se: 1. mico, qualquer um pode pagar (é normal); 2. ninguém nasce sabendo tudo o que tem que fazer para dar certo (é preciso ir descobrindo aos poucos); 3. está todo mundo no mesmo barco (TODOS os adolescentes ao seu redor vivem o mesmo momento, de primeiras experiências e expectativas – e leva um bom tempo para essa fase passar!).

49 *E o que eu faço se ela não gostar da nossa primeira transa?*

Não dá para ter o controle de tudo, sabia? Essa informação vale para tudo na vida: a gente jamais vai conseguir controlar cada detalhe, cada situação, cada reação. Sempre há a possibilidade de algo sair fora do esperado ou planejado. Se isso acontecer, qual o problema? Faz parte da história! Encare as coisas com mais leveza: não espere que tudo saia com perfeição, nem se cobre demais. Capriche, faça tudo da melhor forma possível. E se algo der errado? Deixe pra lá! Faz parte... Isso acontece com qualquer pessoa!

50 *E se eu não curtir? Todos os meus amigos falam que transar é o máximo, e eu morro de medo de não gostar...*

Primeiro, decida se chegou mesmo a hora de experimentar. Quando decidir que sim, que chegou mesmo o seu momento, que tal parar de ficar dando ouvido aos amigos e "ver para crer"? Ficar se baseando na opinião dos amigos (e achando que tudo tem de sair como eles dizem que deve ser) é uma grande bobagem! Cada pessoa tem suas experiências, que ora podem ser boas, ora podem não ser tão legais assim. Isso varia de um dia para outro, e de pessoa para pessoa. E se você não curtir como planejou? Experimente de outro jeito, e de outro, e de outro... Lembrando (o que eu adoro lembrar): sempre de camisinha!!!

GRAVIDEZ E COMO EVITÁ-LA

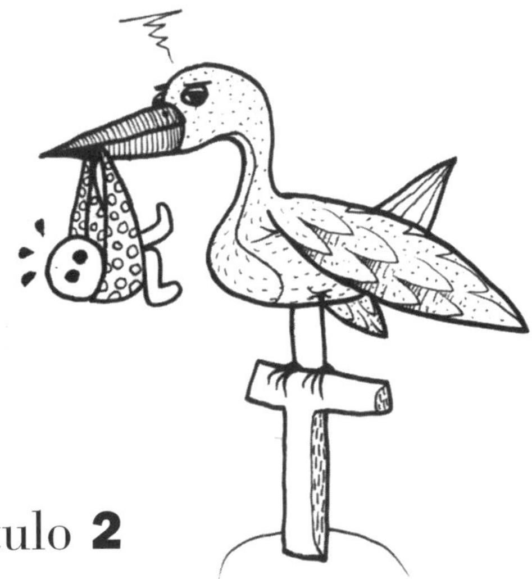

Capítulo **2**

Há muito tempo para ver
o que tiver que acontecer...

CPM22, em "Especial Como Você".

Iniciar a vida sexual exige uma boa dose de responsabilidade. Só assim é prazeroso, no sentido mais amplo da palavra. Atitudes como evitar gravidez fora de hora (e doenças sexualmente transmissíveis, que veremos no próximo capítulo) são um bom exemplo de amadurecimento! Só que surgem muitas dúvidas em torno desses temas... Que tal esclarecê-las? Isso ajuda a encarar o sexo não só com mais responsabilidade, mas também com mais prazer!

AS PREOCUPAÇÕES DAS MENINAS

Estas são as principais dúvidas delas.
(Mas os meninos deveriam ler isto também!)

51 *Como eu faço para não engravidar?*

O método mais recomendado pelos médicos é o anticoncepcional, que existe não só em pílulas ou em injeção, mas também em anéis vaginais, adesivos para colar na pele, no DIU (dispositivo intra-uterino)... Para saber qual escolher, há regras básicas: 1. jamais vá direto à farmácia comprar só porque "Minha amiga usa, adora e recomenda"; 2. o médico (ginecologista) é quem deve fazer as recomendações. Só ele pode avaliá-la para ver qual método contraceptivo (ou seja, para evitar a gravidez) é o mais indicado para você. Resumindo: se você resolveu transar, vale a pena visitar um médico ANTES e se informar bem para que o DURANTE seja só alegria e não complique o DEPOIS. Garota esperta faz isso!

52 *E o que há de moderno para evitar a gravidez durante a adolescência?*

Os médicos costumam dar uma dica superlegal: aliar a camisinha (que protege contra as doenças sexualmente transmissíveis e também é um método para evitar a gravidez) ao anticoncepcional (para evitar a gravidez). Você pode escolher usar camisinha + pílula anticoncepcional. Ou, se for melhor para você, usar camisinha + injeção anticoncepcional. Ou ainda optar por usar camisinha + dispositivo intrauterino (DIU). Ou camisinha + anel vaginal, ou camisinha + adesivo anticoncepcional... Deu para entender? Esses seriam exemplos de "dupla infalível" para garantir o máximo de prazer sem riscos. Ou seja: é o sexo seguro (com camisinha) e livre de gravidez fora de hora (com qualquer tipo de anticoncepcional que o seu médico recomendar para você). Boa dica, você não acha? Aí vão mais alguns detalhes sobre essa história:

Método	Como usar	Outras dicas
Camisinha	Colocar assim que o pênis ficar ereto e retirar logo após a ejaculação (jogue essa camisinha fora, e se quiserem continuar um pouco mais depois disso, é preciso colocar outra camisinha). É importante usar em todas as práticas sexuais (penetração vaginal, sexo anal e oral) para, além de ajudar a evitar gravidez, evitar também as doenças sexualmente transmissíveis.	Um erro comum é não acertar no tamanho do preservativo: há camisinhas desenvolvidas nas medidas ideais para o adolescente (é só procurar nas farmácias), o que diminui o risco de o preservativo escapar na hora da transa.
Camisinha feminina	Colocar dentro da vagina, deixando uma borda para fora (parece um saquinho de borracha extrafina, com um fundo para ficar acomodado no fundo da vagina, como se fosse um diafragma). Jogue fora após o uso.	Exige treino: você pode ficar na frente do espelho e experimentar jeitos mais fáceis de colocar, para na hora H tudo rolar com maior tranqüilidade.
Pílula de baixa dosagem hormonal	Tomar uma por dia, sempre no mesmo horário, até o final da cartela, que em geral tem 21 comprimidos (você toma durante três semanas e não toma durante uma semana).	Se você esqueceu de tomar um dia, você tem só até o dia seguinte para tomar a que esqueceu e o método continuar eficaz. Nunca pare a cartela: mesmo se você esqueceu mais de um dia (o que exige que você se previna com camisinha), vá até o final da cartela para evitar uma complicação no ciclo hormonal.

Método	Como usar	Outras dicas
Injeção mensal	É tão segura quanto a pílula, com a vantagem de você só precisar tomar uma vez por mês. O ginecologista receita e você pode aplicar na farmácia.	Um dos problemas é que, por ser uma dosagem hormonal que você recebe de uma só vez, pode provocar náuseas ou alguns sintomas como seios mais sensíveis ou ficar meio inchada por alguns dias.
DIU (dispositivo intra-uterino) para adolescentes	Colocados no consultório, duram no mínimo cinco anos e exigem acompanhamento médico a cada seis meses, para verificar se continua no lugar. Indicado para as meninas com vida sexual ativa há mais tempo.	Dor, cólica e sangramento são sinais de alerta para procurar o médico e fazer um exame para checar a posição do DIU. Se ele sair do lugar, há o risco de engravidar. Por isso é preciso estar sempre atenta.
Anel vaginal	Para ser colocado dentro da vagina e trocado a cada três semanas. Quem coloca é o ginecologista. Fica liberando doses de anticoncepcional, o que impede a gravidez.	É um método relativamente novo e você precisa: 1. não esquecer a data de trocar; 2. ficar ligada para saber se não saiu do lugar.
Adesivo com anticoncepcional	Para colocar por cima da pele e trocar toda semana. Você mesma pode colocar.	Aqui, também, não esquecer de trocar é fundamental para a eficácia.

53 *E o que há de ultrapassado nessa história?*

Vamos lá: não vale a pena fazer 1. coito interrompido; 2. tabelinha. Veja por quê:

Método	Como é	Por que não é muito indicado
Coito interrompido	Retirar o pênis da vagina antes da ejaculação.	Falha muito: antes mesmo da ejaculação, pode sair uma gota de líquido do pênis que já contém espermatozóides (e, portanto, há risco de gravidez).
Tabelinha	Você evita transar no seu período fértil, que costuma começar mais ou menos dez dias após o primeiro dia de menstruação e durar uma semana. Esse período engloba o dia da ovulação, mais os três dias antes e os três dias depois.	Falha demais para adolescentes: as meninas estão em fase de amadurecimento dos genitais e não têm o ciclo menstrual regular (ou seja, o período fértil pode variar muito e você fica completamente sem saber quando ele é ao certo).

54 *Que história é essa de diafragma? Para quem é indicado?*

O diafragma é uma espécie de calota de borracha que faz uma barreira para o sêmen não chegar até o óvulo. É de baixo custo, visto que é uma opção não descartável: você usa, lava e guarda para usar na próxima vez. Mas o médico ginecologista é quem precisa recomendar, e tirar as suas medidas para receitar o tamanho certo para você. Saiba mais no quadro a seguir.

Método	Como usar	Outras dicas
Diafragma	Antes da relação sexual, colocar no fundo da vagina para impedir que o sêmen siga seu caminho até o óvulo (ele faz uma barreira). Tem de diversos tamanhos e é o ginecologista quem tira as medidas para você usar o tamanho certo (porque, se não for o tamanho certo, não funciona direito como barreira).	Colocar e tirar o diafragma é questão de treino: é só apertar as bordas para entrar no canal vaginal e colocar bem no fundo da vagina (quando você for falar sobre isso com o ginecologista, ele pode ensinar mais dicas). O bacana é ser uma opção não descartável: você usa, lava e guarda para a próxima vez.

55 *Ouvi falar sobre pílula vaginal... O que é isso?*

Pílula vaginal é uma pílula anticoncepcional que age da mesma forma que a oral. A única diferença é que você introduz a pílula na vagina. Detalhe importante: depois que inserir a pílula, a mulher deve ficar deitada por meia hora, para facilitar a absorção pelo organismo, recomendam alguns médicos.

56 *Por que o anticoncepcional é "o eleito" para evitar gravidez?*

Apesar da possibilidade de haver contra-indicações, como ocorre com qualquer outro medicamento (e que você precisa conferir as possibilidades para o seu caso com o seu médico ginecologista), há alguns bons motivos para o anticoncepcional (em pílula, em injeção etc.) ser considerado um dos melhores métodos para evitar a gravidez fora de hora. Confira os motivos no quadro a seguir.

Anticoncepcional

É considerado pelos médicos um dos melhores métodos para evitar a gravidez porque...

Motivo 1 ... retirar o pênis da vagina antes da ejaculação não é seguro! Antes mesmo de ejacular, sai uma gota de líquido lubrificante do pênis que já pode conter espermatozóides.

Motivo 2 ... ejacular perto da vagina, como na virilha ou na coxa, é totalmente arriscado! O sêmen pode escorrer para o canal vaginal e assim há risco de gravidez fora de hora.

Motivo 3 ... transar fora do período fértil (fazer tabelinha) é uma furada! As garotas costumam ter o ciclo hormonal irregular e não dá para descobrir direito o dia da ovulação.

Motivo 4 ... anticoncepcionais têm eficácia comprovada e, apesar de gravidez não ser bicho-de-sete-cabeças, há momento ideal para entrar nessa! E com certeza não é na adolescência: isso atrapalharia todo o seu projeto de vida!

Motivo 5 ... se a camisinha por acaso estourar, você está garantida contra a gravidez fora de hora com o seu anticoncepcional. Vale repetir que um método não exclui o outro: o foco do uso da camisinha são as infecções sexualmente transmissíveis que existem por aí; e o foco do anticoncepcional é a gravidez fora de hora. Ou seja: talvez valha a pena usar, você não acha?

57 *Posso não me dar bem com a pílula anticoncepcional?*

Isso pode ocorrer, sim. Pode ser que você não se adapte não só à pílula anticoncepcional, como a qualquer outro método contraceptivo. Pode, por exemplo, determinado método fazer você se sentir mal, ficar muito inchada, ter mais cólica do que deveria, bagunçar a menstruação em vez de deixá-la regrada etc. etc. etc. Fazer o que nesses casos? Experimentar outro, e outro, e outro... e por aí vai, até encontrar algo na medida certa para você. Resumindo: é preciso ter paciência e persistência. E quem é que vai ajudá-la nesses testes e nessas escolhas? O médico ginecologista, claro!!!

58 *O que é melhor: pílula ou injeção anticoncepcional?*

Isso depende da sua adaptação a cada método. A eficácia é praticamente a mesma. Há garotas que preferem o anticoncepcional oral, outras se adaptam melhor à injeção. Como você vai descobrir o seu caso? Só mesmo experimentando, e com acompanhamento médico!

59 *Tem algum problema transar durante a menstruação?*

Nenhum, desde que você use camisinha, para evitar doenças sexualmente transmissíveis.

60 *Corro o risco de engravidar durante a menstruação?*

Depende do caso. Em geral, não, pois a menstruação sinaliza o final de um ciclo menstrual e o início de outro, sendo um período em que não ocorre a ovulação. Isso teoricamente. Mas há situações em que a mulher (e isso é muito comum com adolescentes como você!) tem o ciclo menstrual não-regular: ou seja, o número de dias do ciclo varia de um mês para outro. Aí, o finalzinho da menstruação pode coincidir, por exemplo, com o dia da ovulação, ficando a garota sujeita a engravidar. Ou seja: o melhor é não arriscar! Fazer o quê? Ah, você já sabe! Mas, vamos repetir juntas: 1. usar um método anticoncepcional; 2. usar camisinha também, sempre, como uma forma de se prevenir contra as doenças sexualmente transmissíveis.

61 *Esqueci como é essa história de ciclo menstrual... Vi nas aulas de biologia, mas não lembro mais! Como é que é?*

O ciclo menstrual varia de pessoa para pessoa: pode ser de 28 dias ou de até 40 dias. Tomando por base um ciclo de 28 dias, funciona assim: duas semanas antes da vinda da próxima menstruação, um óvulo é liberado de um dos ovários (um mês do direito, no mês seguinte do esquerdo) e começa a fazer um caminho até o útero, onde, caso ocorra fecundação pelo espermatozóide, ele será implantado (isso seria o início do processo de gestação). Caso o óvulo não seja fecundado, ele será desprezado com a menstruação.

62 *Mas, afinal, quanto dura um ciclo menstrual normal?*

Entre 28 e 30 dias, para a maioria das mulheres, podendo variar entre 21 e 40 dias, dependendo de cada pessoa.

63 *Como eu sei se o meu é regular?*

Conte os dias entre o primeiro da menstruação e o da próxima. Essa é a duração de seu ciclo. Para saber se está regular, crie o hábito de anotar sempre num calendário o primeiro dia da menstruação e verifique se o espaço (número de dias) entre esse dia e o primeiro dia da próxima se mantém ao longo de pelo menos seis meses.

64 *E quando é o período fértil?*

Você precisa primeiro saber de quanto tempo é o seu ciclo e fazer as contas para achar o dia da ovulação. Vamos dar um exemplo: para um ciclo de 28 dias, o dia provável da ovulação é aproximadamente 14 dias antes da próxima menstruação. E o período fértil vai durar uma semana inteira: é esse dia da ovulação, mais os três antes e os três depois. As contas só dão certo para meninas que têm o ciclo regular.

65 *Em algum caso é normal a menstruação atrasar muito?*

Nos dois primeiros anos após a primeira menstruação, isso costuma acontecer com mais freqüência. Nessa fase, é possível ficar até 12 meses sem menstruar. Mas atraso menstrual também pode ser indício de gravidez ou de algum problema com seus hormônios. Vale investigar. Quer dizer: ficar sempre de olho aberto, ir ao médico, usar camisinha e outros métodos para evitar a gravidez etc. etc. etc.

66 *É a primeira vez que falta a menstruação. Será que estou grávida?*

Para saber ao certo, só fazendo o teste de gravidez. Vá ao ginecologista quando surgir essa dúvida. Há os testes de farmácia também, que costumam cada vez mais dar resultados acertados, mas o mais bacana seria fazer um exame de sangue ou de urina pedido pelo médico. Outra dica: que tal levar em consideração o que a gente já vem conversando nas questões anteriores e começar a: 1. usar camisinha sempre e 2. usar um bom método para evitar a gravidez?

67 *Tomar anticoncepcional ajuda a regular a menstruação?*

Sim. Mas cada caso é um caso e só o médico pode prescrever o ideal para você.

68 *E se eu quiser não menstruar mais (e também não engravidar)?*

É difícil dizer isso sem avaliar o caso de perto. Depende da pessoa. Você precisa ir ao ginecologista para saber melhor do seu caso. Há mulheres que usam, sob recomendação do médico, injeção ou pílula anticoncepcional de uso contínuo para não menstruar mais, nem engravidar. Mas só vale decidir por isso depois de uma boa avaliação do ginecologista.

69 *Posso engravidar se ele ejacular, mesmo se a gente estiver com roupa? O espermatozóide pode atravessar certos tecidos?*

Meio que impossível essa história de o espermatozóide atravessar certos tecidos... Sabe por quê? Fora do corpo humano (se a ejaculação não ocorrer dentro do canal da vagina), o espermatozóide morre rapidinho... em questão de minutos! Sendo assim, não consegue sobreviver a essa "travessia" da calça jeans ou da cueca, não é verdade?

70 *Posso engravidar se ele tirar o pênis da vagina antes de gozar?*

Sim. Retirar o pênis da vagina antes da ejaculação é uma prática muito arriscada. Antes mesmo de ejacular, pode sair um pouquinho de líquido do pênis, sem o menino perceber, e esse líquido pode conter espermatozóides. Isso pode ser o suficiente para engravidá-la!

71 *Posso engravidar se ele gozar fora da vagina, mas perto dela?*

Isso é raro, mas pode ocorrer, sim. Se o sêmen escorre para dentro da vagina, pode, sim, ocorrer risco de levar à gravidez (pois é pelo canal vaginal que os espermatozóides contidos no sêmen vão ao encontro do óvulo feminino). Portanto, o melhor é evitar a ejaculação próxima à vagina. Mas fiquei curiosa agora: cadê a camisinha? Tem que usar, gente! Assim, os espermatozóides ficam bem quietinhos lá dentro da camisinha... além de vocês dois ficarem livres de vírus e bactérias (das doenças sexualmente transmissíveis!).

72 *Posso engravidar no sexo anal?*

De jeito nenhum!!! Pelo ânus, não há comunicação com o local do corpo feminino onde está o óvulo a ser fecundado!!! Só um detalhe: a questão muda de figura se o sêmen escorrer até a vagina. Lembra por quê? Porque, como falamos na questão anterior, é pelo canal vaginal que o espermatozóide (contido no sêmen do garoto) vai entrar em contato com o óvulo da menina. E aí, sim, há a possibilidade de ocorrer gravidez.

73 *Posso engravidar no sexo oral?*

De jeito nenhum! Vale o mesmo da resposta anterior: a garota só engravida se o espermatozóide do rapaz entrar em contato com o óvulo dela (o que só pode ocorrer através do canal vaginal).

74 *Posso engravidar tomando pílula?*

Se você tomar corretamente, pode ficar tranqüila que este é considerado um dos métodos mais eficazes para evitar a gravidez. Agora, se você der uma bobeada, a coisa muda de figura. A primeira coisa errada é usar uma pílula que não seja a mais indicada para você; outro equívoco pode ser você não iniciar a cartela no dia recomendado pelo laboratório fabricante do produto (é preciso se orientar com o médico, e estar sempre atenta à bula do medicamento). Pior: esquecer de tomar uma pílula (ou mais) da cartela. Aí a questão fica MUITO complicada: a segurança vai por água abaixo mesmo!

75 *E se eu esquecer de tomar uma pílula, faço o quê?*

Ooooops! Quando isso ocorre, você deve tomá-la assim que lembrar! Mas só vale se você esqueceu apenas uma pílula. Ao esquecer duas seguidas, ou mais, o método acaba perdendo sua eficácia (e você correndo risco de engravidar!). Nesse caso, você deve continuar tomando as pílulas até o final da cartela, para não sofrer uma desestabilização hormonal, mas precisa se prevenir de gravidez com o uso de camisinha, pelo menos até que a próxima menstruação ocorra. Aliás, camisinha é coisa que você deveria usar SEMPRE, não é verdade?

76 *O que eu faço para não esquecer?*

Uma dica: para não esquecer, procure ingerir as pílulas sempre no mesmo horário. Por exemplo, antes de dormir, ou na hora do almoço, ou no horário em que achar mais fácil de lembrar todo dia. Outra dica: há pessoas que se dão bem com o anticoncepcional injetável, que geralmente é aplicado uma vez por mês. Essa pode ser uma maneira alternativa e interessante para quem vive esquecendo a pílula. Mas... é importante se lembrar da data da próxima dose! E não adianta trocar pílula por injeção, sem mais nem menos. Ou seja: sem antes passar no médico e ver o que ele acha do seu caso, hein?

77 *Se começar a tomar pílula anticoncepcional, já posso transar sem medo de engravidar?*

Huuummm. Espere um pouco: é importante se informar sobre as recomendações do fabricante (leia a bula!!!) para verificar direitinho em que momento, após o início da cartela, a relação sexual se torna livre do risco de gravidez. Converse com o médico, se achar necessário.

78 *Posso engravidar usando camisinha?*

Depende. Alguns contratempos podem atrapalhar a eficácia da camisinha para evitar a gravidez: ela pode rasgar ou escapar do pênis, por exemplo. É por isso que os médicos recomendam a "dupla infalível": camisinha + anticoncepcional.

79 *O que eu faço se a camisinha romper e vazar tudo?*

Para quem não está usando anticoncepcional e a camisinha falhou (rompeu, escapou etc.), há uma solução de emergência, segundo os médicos, que é a pílula do dia seguinte. Se tomada até 72 horas após a relação sexual, essa pílula apresenta 98% de chance de evitar que a menina fique grávida. Só tem um detalhe MUITO importante: não é um método para se usar constantemente, mas apenas em casos de emergência, como no caso de a camisinha romper. Ou de algo bem grave: é indicado também para quem foi vítima de estupro.

80 *O que é exatamente a pílula do dia seguinte?*

Na verdade, são duas pílulas, que devem ser ingeridas o mais rápido possível após a relação sexual sem proteção: hoje os médicos falam que o ideal é ingeri-las até 24 horas após o sexo. Caso contrário, não funciona. Só um detalhe importantíssimo: pílula do dia seguinte não é para ficar tomando todo mês nem toda hora, não!!! Tem muita gente fazendo isso, só que é um péssimo engano. Os médicos recomendam a pílula do dia seguinte somente em situações especiais, como o rompimento da camisinha ou se a mulher é vítima de sexo sem consentimento (estupro).

81 *Como funciona?*

Se for ingerida rapidamente após o sexo sem proteção, pode ser que dê tempo de a pílula do dia seguinte evitar que o espermatozóide fecunde o óvulo. E, caso isso já tenha ocorrido, a pílula do dia seguinte pode fazer com que o óvulo não consiga ser implantado no útero, o que impede a gravidez. Mas tudo isso depende da sua rapidez em ir ao médico, se abrir com ele e tomar a pílula do dia seguinte dentro do prazo em que ela ainda é capaz de fazer efeito. Quanto mais rápido, melhor. Confira as dicas a seguir:

Método	Como usar	Outras dicas
Pílula do dia seguinte	Ingerir o mais rápido possível após a relação sexual sem proteção: o ideal é dentro de 24 horas (leia a bula!!!). Mas é bacana falar com o ginecologista antes de usá-la (dê uma ligada ou corra ao consultório dele!).	Não deve ser usada com freqüência, pois tem uma alta dosagem de hormônios e isso pode atrapalhar o seu ciclo hormonal e não fazer bem à sua saúde.

82 *É só ir à farmácia e comprar?*

Teoricamente, sim; mas a gente sabe que o ideal é, como para qualquer outro medicamento, seguir as orientações do médico. Ou seja: para usar a pílula do dia seguinte, o melhor é, antes, correr ao ginecologista (ou telefonar, ou sei lá), se abrir com ele e pegar as recomendações desse especialista.

83 *Não falha nunca?*

Pois é... Infelizmente, há uma margem de falha, sim: mesmo se ingerida de acordo com todas as recomendações, a pílula do dia seguinte não consegue evitar a gravidez em 2% dos casos, informam os especialistas.

84 *Faz mal à saúde?*

Pílula do dia seguinte não é um método que deve ser utilizado rotineiramente. É recomendado apenas em situações de emergência. Se ingerida com freqüência, pode ser prejudicial ao organismo, sim: provocar alterações menstruais e diversos problemas, como náuseas, enjôos ou vômitos. Resumindo: NÃO é para usar sempre, só em casos de emergência, como aqueles de que a gente vem falando nas questões anteriores.

85 *A pílula do dia seguinte afeta algo no anticoncepcional diário?*

Se você já toma anticoncepcional diariamente, não há a necessidade de usar a pílula do dia seguinte. O anticoncepcional diário já é um método seguro para evitar a gravidez.

Dica-lembrete: o uso da camisinha, nesses casos, entra para evitar a transmissão de doenças.

86 *Posso substituir o anticoncepcional que se toma todo dia pela pílula do dia seguinte?*

De jeito nenhum! A gente acabou de ver isso na questão anterior. Mas vamos enfatizar: a pílula do dia seguinte não é um método que deve ser usado rotineiramente; é recomendado apenas em situações emergenciais (como quando a camisinha se rompe ou se a mulher é vítima de estupro); isso porque, se usado com freqüência, esse método pode sobrecarregar a função hepática (causando náuseas, enjôos e vômitos) e provocar alterações menstruais intensas.

87 *E se eu estiver grávida, faço o quê?*

Mais uma vez, não adianta entrar em pânico. Aí a dica é você procurar uma pessoa adulta de sua confiança (que pode ser alguém da família, uma professora ou orientadora da escola...) e desabafar, pedir ajuda e buscar orientações.

88 *E essa história de aborto, como fica?*

Vamos com muita calma nessa hora! Apesar de ser uma decisão muito pessoal, é bom lembrar que o aborto não é legalizado em nosso país. A dica, se você engravidar, continua sendo: não entre em pânico e procure uma pessoa adulta de confiança. Tomar decisões impensadas, numa hora de desespero, pode ser muito nocivo à sua saúde, tanto física como emocional. Outra coisa: se aconselhar com o namorado e com amigos da mesma idade pode até dar um certo alívio, mas não adianta parar por aí. Vale repetir que é fundamental que você procure uma pessoa adulta de confiança, além de ir ao seu ginecologista, e abra o jogo sobre a gravidez. Essa, sim, é uma decisão acertada!

89 *Tenho 17 anos e nesses dias estávamos só brincando, mas acabamos entrando no clima e... transando sem camisinha! Estou com medo de ter engravidado. Ninguém sabe o que eu fiz, nem meus pais, nem minhas amigas. Não tenho com quem conversar e não agüento mais essa angústia dentro de mim.*

Calma! Não adianta nada se desesperar. Uma coisa bacana você já aprendeu: não dá para transar sem camisinha, de jeito nenhum, porque isso leva a uma angústia danada. Há o risco de gravidez, mas também de doenças sexualmente transmissíveis. E não vale a pena correr esses riscos. Para sair desse sufoco que a dúvida traz, a saída é simples: basta você procurar um ginecologista e fazer o teste de gravidez. Em geral, os médicos recomendam um exame simples, de sangue ou de urina, e o resultado sai rapidinho. Aproveitando a ida ao ginecologista, você já vai fazer outros exames para verificar a saúde da sua região genital e escolher com ele o método anticoncepcional mais indicado para o seu caso. Já adianto uma coisa (que eu disse no começo deste capítulo, mas vale enfatizar): para evitar gravidez e ficar livre do risco de contrair doenças, a dupla infalível é camisinha e anticoncepcional. E se você estiver grávida? Aí, como já dissemos nas questões anteriores (volte a elas e dê uma lida), em caso de gravidez, é importante: 1. não se desesperar de vez (isso não adianta nada); 2. ir ao ginecologista (e você já terá ido, não é verdade?); 3. procurar um adulto de confiança para se abrir (e não fazer besteira!).

AS PREOCUPAÇÕES DOS MENINOS

Estas são as principais dúvidas deles.
(Mas as meninas deveriam ler isto também!)

90 *O lubrificante masculino pode fazer a garota engravidar?*

Você está falando daquele líquido que sai do pênis, quando o rapaz está excitado? Se for esse, pode engravidar, sim! Mesmo uma pequena gota desse líquido que o pênis expele durante a fase da excitação já pode conter espermatozóides, o que é suficiente para engravidar.

91 *Eu só coloco a camisinha quando estou perto da hora de gozar. Então quer dizer que assim há risco de engravidar?*

A questão anterior já começa a responder a sua pergunta. Pois é: você não está colocando na hora certa! A hora ideal de colocar a camisinha, seja para evitar doenças sexualmente transmissíveis, seja para evitar a gravidez fora de hora, é assim que o pênis ficar ereto, e não só antes de ejacular.

92 *Dia desses, não usamos camisinha. Ejaculei fora, mas fiquei com medo de que o esperma tivesse contato com a vagina. Ela poderia ter engravidado?*

Vamos avaliar sua história por partes. 1. "Não usamos camisinha": péssima opção, você não acha? Não apenas pela questão de uma gravidez fora de hora, mas em especial pelas DST (doenças sexualmente transmissíveis) que existem por aí. 2. "Ejaculei fora": e daí? Você sabia que sai uma pequena quantidade de líquido do pênis durante a excitação, sem o garoto perceber? E sabia que esse líquido pode conter espermatozóides? Ou seja, se ocorreu penetração sem camisinha ou outro método para evitar a gravidez, há o risco de engravidar, mesmo sem a ejaculação. Ou seja, ela poderia ter engravidado, sim! Da próxima vez, evite esses enganos!

93 *Outro dia, a camisinha escapou do meu pênis bem na hora da penetração. Isso pode engravidar?*

Coisas fora do programado acontecem... e nesse caso pode correr o risco de engravidar, sim. Para ficar seguro, o ideal é, sempre que a camisinha romper, escapar e/ou ficar dentro da vagina, entre outros contratempos, procurar um médico rapidinho para que a menina tome a pílula do dia seguinte e verifique se ficou tudo OK.

94 *Transei sem camisinha e ejaculei fora da vagina. Depois, transamos sem camisinha de novo: não lavei o pênis e ela fez sexo oral em mim. Será que ela está grávida?*

Quanta confusão!!! Há um monte de informações equivocadas nessa história. Vamos à primeira: esse seu método de evitar a gravidez (a retirada do pênis da vagina antes da ejaculação) é um enooooorme engano, porque falha em grande parte dos casos, como já comentamos em perguntas anteriores deste capítulo. O motivo: mesmo antes da ejaculação, o pênis já libera um líquido que contém espermatozóides. Na maioria das vezes, o rapaz nem percebe que isso ocorreu. O resultado? Grande risco de gravidez. Quanto ao sexo oral, isso não engravida, né? A mulher fica grávida quando os espermatozóides ejaculados pelo homem entram em contato com o óvulo dela. Pelo sexo oral (ou anal), não há como isso ocorrer: é só mesmo pelo canal vaginal. Por fim, há um erro imperdoável na sua história: não usar camisinha (e você não usou na primeira, e depois não usou de novo!!!). Isso não é nada esperto! Sem camisinha, a gente não se previne contra as dezenas de DST (doenças sexualmente transmissíveis) que existem por aí.

95 *Minha namorada tem menstruação irregular. Transamos e pode ter escorrido sêmen da camisinha. Ela tomou a pílula do dia seguinte, mas pode não ter funcionado. O que a gente faz?*

Que tal procurar um médico para fazer o teste de gravidez e, ainda, aproveitar para escolher com ele um método eficaz para evitar a gravidez fora de hora? Em vez de ficar no "Será que isso?", "Será que aquilo?", melhor é ir logo ao médico e tirar a dúvida para acabar de vez com essa encanação, você não acha?

96 *Nunca sei se posso ficar 100% tranqüilo na hora da transa. Essa coisa de engravidar me preocupa muito, porque tenho um amigo de 17 anos que já é pai. Qual a dica para eu ficar tranqüilo e evitar a gravidez?*

Como eu digo sempre às garotas, o melhor é se prevenir com camisinha (o que evita também as doenças sexualmente transmissíveis) aliada a outro método anticoncepcional que a garota deve escolher com a ajuda do ginecologista. Confira os métodos mais usados nas primeiras perguntas deste capítulo (volte lá nas dúvidas das meninas e dê uma boa lida!). Mais uma dica: escolha um método para evitar a gravidez, tenha sempre a camisinha à mão e saboreie os momentos da relação a dois. Não adianta ficar pensando o tempo todo no que aconteceu com o amigo... Tome as precauções necessárias (camisinha + método anticoncepcional) e, depois, desencane e saboreie esse momento tão bacana que é estar a dois!

97 *Será que é mesmo verdade que tem muita garota ficando grávida?*

Pois é... situações de gravidez fora de hora são cada vez mais comuns: na última década, houve um aumento de 25% na taxa de gravidez entre jovens de até 19 anos, segundo dados do Núcleo de Estudos da População da Universidade Estadual de Campinas (Unicamp). Na minha opinião (e na de 100% dos sexólogos), vale a pena se prevenir!

98 *Será que é tão ruim assim a menina ficar grávida fora de hora?*

Ficar grávida na adolescência é complicado. A Sabrina (o nome foi trocado para preservar a identidade dela) tem 17 anos e contou que está vivendo o maior drama. Olha só: "Acho que estou grávida de três meses, mas não sei como contar para os meus pais. O meu ex-ficante já sabe e disse em poucas palavras que não era dele. Estou quase morrendo de vergonha dos meus pais. Não sei o que fazer. Estou desesperada!" Já a Paula (nome trocado também) tem uma história que começou com o namorado dando força para ela ter o bebê, mas rolou uma complicação enorme no meio do caminho: "Minha família me pressionou para que eu tirasse. Acabei tirando. Voltei à minha vida normal, mas com muitas perguntas sem respostas. Não sabia se o que tinha feito era certo, me sentia culpada e tudo o mais. E o pior é que depois de dois meses disso tudo eu descobri que ainda estava grávida. E que eram gêmeos: no aborto que eu tinha feito só um tinha sido retirado." Resumindo: há tanta coisa que pode acontecer nessa hora... Gravidez na adolescência é algo que pode atrapalhar todo o projeto de vida da garota e do garoto. O ideal é não marcar bobeira e se prevenir usando, por exemplo, camisinha + anticoncepcional.

99 *E se tiver rolado gravidez? A gente faz o quê?*

Questão delicadíssima esta! O ideal seria, quando a garota já está grávida, procurar um médico (ginecologista) e um adulto de confiança para orientá-los de perto. E é importante lembrar que: 1. aborto é uma prática não legalizada no Brasil; e 2. é preciso estar bem ciente dos riscos que um aborto pode trazer à saúde (tanto riscos para o corpo da garota como para o lado emocional dela).

100 *E eu??? Como me comporto se ela me contar que está grávida?*

Use o bom senso: tentar sumir do mapa não vai apagar o que está feito. Que tal ser parceiro, companheiro, amigo? Em horas delicadas como essa, ajuda muito também procurar um adulto de confiança para se aconselhar. Claro que dá um certo medo, além de insegurança, raiva e tudo o mais que alguém possa sentir. Mas é claro também que só ficar desesperado não adianta nada. É preciso respirar fundo e encarar a situação de frente, com coragem. Esse talvez seja um bom caminho a seguir, você não acha?

DOENÇAS SEXUALMENTE TRANSMISSÍVEIS

Capítulo 3

Nos defendemos tanto
sem saber por que lutar...

Legião Urbana, em "Soldados".

Não importa a idade nem o sexo. Se não usar camisinha, são grandes as chances de qualquer dia você se ver com uma DST (sigla para doença sexualmente transmissível). Aí, aquilo que era para ser supergostoso (os amassos, as primeiras relações, as segundas, as terceiras...) acaba causando uma complicação danada! Sei que é um pé no saco ficar lendo (ou ouvindo) sobre doenças e prevenção (e eu também acho isso!). Mas, vamos botar de vez os pés no chão: hoje em dia não dá para fazer sexo e "fazer de conta" que não há risco nenhum, não é? Então, que tal saber um pouco mais sobre isso agora? Com certeza seu corpo, sua saúde e seu prazer vão agradecer!

AS PERGUNTAS DAS MENINAS

Estas são as principais dúvidas delas.
(Mas os meninos deveriam ler isto também!)

101 *Acho uma chatice essa história de doença! Afinal, o que tanto eu preciso saber sobre isso?*

Pra começar, tem cinco coisas básicas que você precisa saber sobre as DST (e colocar em prática o mais rápido possível). Aí vão elas: 1. Só dá para evitar usando você já sabe o quê. Acertou: a camisinha! Ela mesma! Não dá para fugir: só mesmo com camisinha é que se faz sexo sem risco de DST; 2. O esperma do menino pode ter uma série de vírus. Então, nada de querer copiar aqueles filmes eróticos, hein? Esperma tem que ficar bem guardado dentro da camisinha. Não dá para brincar com ele; 3. Não basta só ir ao médico, e ponto final. Tratamento malfeito não dá resultado, né? A gente precisa passar a pomada até o final, tomar o remédio até o final... Quer dizer: fazer tudo direitinho, sempre de acordo com o ginecologista (para as meninas) ou o urologista (para os meninos); 4. Não é porque não apareceu nenhuma ferida ou outra coisa no menino que ele está livre da DST. Se você está com alguma doença, pode ser que o seu namorado também esteja. Algumas delas, como o HPV, apresentam sintomas no garoto que não são vistos a olho nu. Ou seja: o menino precisa ir ao médico também para fazer o tratamento; 5. Na hora do sexo oral, o ideal é a menina também vestir camisinha feminina, para que o garoto também se proteja da transmissão de doenças. Nem adianta reclamar... Afinal, o sexo só é bacana quando a gente não corre nenhum risco, não é?

102 *E quais são os principais sinais de alguma DST?*

O básico do básico é: garotas e garotos precisam ficar atentos toda vez que alguma coisa: 1. doer; 2. coçar; 3. incomodar; 4. parecer uma verruga; 5. parecer uma ferida. Estes são apenas alguns sinais baaásicos. Ao se deparar com algum deles, abra o olho e procure um médico para examinar direitinho o que está acontecendo, pois isso pode ser indício de alguma infecção ou doença sexualmente transmissível.

103 *Quais são as principais doenças sexualmente transmissíveis?*

Confira no quadro das páginas 68-69, lembrando sempre que essas são apenas algumas delas. Há muuuuita DST por aí! Outro detalhe importante: há tratamento para todas as doenças (apesar de não haver cura para algumas delas). Ou seja: quanto antes você procurar um médico, melhor para você!

104 *Como eu faço para não pegar nada disso?*

Ah, essa você já sabe: o preservativo (camisinha) é a única maneira de se proteger contra essa e outras tantas DST (doenças sexualmente transmissíveis) que existem por aí. O problema é que muita gente não usa: segundo o Ministério da Saúde, apenas 1/3 da população se previne com camisinha. Vale repetir: garantir a saúde sexual é assegurar também o prazer. A vagina, por exemplo. Irritação, vermelhidão, coceira, ardência ou qualquer outra alteração influem diretamente no prazer. Além de causar desconforto, esses sintomas podem alterar a capacidade de o órgão se lubrificar na hora do sexo, o que atrapalha a penetração. Aí, a excitação e o desejo podem ir embora. O orgasmo, idem! Pra que complicar? Usar camisinha é muito melhor do que ficar exposta às doenças que existem por aí!

105 *E só usar camisinha e tudo certo?*

Camisinha é importantíssimo. Mas não é só isso, né? Você pode começar a história do sexo-seguro-e-prazeroso selecionando bem a pessoa com quem vai manter relações sexuais: ela precisa ser alguém de fato especial para você! Lembra aquela história de que já falamos no primeiro capítulo? Vou refrescar a memória, mas com outras palavras: sexo não é aperto de mão nem tapinha nas costas, que a gente pode sair por aí dando em qualquer pessoa. Na verdade, é algo muito gostoso, positivo e significativo. E precisa ser tratado com um carinho todo especial. Esta é uma dica fundamental, a meu ver.

106 *Muita gente pega doença mesmo? Ou isso é conversa para a gente ficar assustada?*

Não é lenda, não. Confira alguns números: um adolescente no mundo a cada 14 segundos se contamina com o vírus da aids, segundo a Unesco. Já imaginou que assustador? Pior do que isso: 2/3 dos novos casos de infecção pelo vírus da aids estão entre os jovens de 15 a 24 anos, segundo a Organização Mundial de Saúde. Se você quiser conhecer mais dados, dê uma chegada ao capítulo sobre curiosidades, que traz vários números não só sobre doença, mas também sobre prazer e outros temas ligados ao sexo. E voltando ao nosso assunto deste capítulo: que tal se prevenir, escolhendo bem o parceiro amoroso e usando camisinha? Esta é a dica para não correr o risco de ser um número a mais nos dados acima!

As principais doenças

DST	Pode ser transmitida por...	Sinais no garoto
Gonorréia	Relação sexual (vaginal, anal ou oral); de mãe para filho na hora do parto; pelo contato direto com a secreção ou as mucosas infectadas.	Corrimento amarelo-esverdeado, ardor ao urinar e inflamação da garganta (se o contágio foi por sexo oral) e do ânus (se foi por sexo anal).
HPV	Relação sexual; contato das mucosas com a região infectada (durante o famoso "esfrega").	Algumas vezes, não apresenta sintomas, que são lesões (verrugas).
Herpes genital	Relação sexual; contato direto com as bolhas ou feridas infectadas; durante o parto.	Bolhas doloridas na região genital; elas se rompem e formam feridas doloridas, que depois desaparecem. Mas o vírus continua no organismo e pode atacar em fases de baixa resistência.
Candidíase	Relação sexual; contaminação a partir do intestino (por falta de higiene adequada); algumas mulheres são predispostas a desenvolver essa infecção.	Ardência ao urinar e, raramente, corrimento esbranquiçado.
Hepatite B	Relação sexual (nessa hora, sempre ocorrem pequenas lesões nas mucosas, que sangram, propiciando o contágio); contato com sangue contaminado.	Febre e dores no corpo, a pele fica amarelada, a urina escurece, o fígado incha.
Aids	Relação sexual; transfusão de sangue contaminado; contato com esperma e secreções contaminados, agulhas e seringas contaminadas; de mãe para filho durante a gravidez, o parto e a amamentação.	Suores noturnos, calafrios, apatia, diarréia prolongada, emagrecimento exagerado, manchas avermelhadas na pele, febre permanente. Mas o portador do vírus HIV pode não apresentar sintomas por vários anos.

sexualmente transmissíveis

Sinais na garota	É péssimo porque...
Não costumam aparecer sintomas, a não ser um corrimento pela vagina e pela uretra; mas ocorrem cólicas e febre quando a bactéria chega aos ovários e trompas.	Pode deixar a pessoa estéril (incapaz de ter filhos no futuro).
Lesões (verrugas) que podem ser isoladas ou agrupadas e não causam dor.	Tem sido associado ao aparecimento de câncer genital.
Os mesmos que os do garoto.	Não tem cura (só tratamento para amenizar os sintomas).
Corrimento branco leitoso e espesso, coceira intensa, irritação na vulva e vagina (que ficam inchadas e avermelhadas), dor durante o sexo e ao urinar.	Compromete a saúde e, além disso, o prazer sexual.
Os mesmos que os do garoto.	Pode evoluir para cirrose ou câncer de fígado.
Os mesmos que os do garoto.	Ainda não se descobriu a cura; como destrói o sistema imunológico, podem ocorrer várias doenças oportunistas.

107 *Ouvi dizer que transar de absorvente interno ajuda a evitar doenças. É verdade?*

Claro que não! Uma coisa não tem nada a ver com a outra. O absorvente interno só vai conter o fluxo da menstruação. Para evitar as doenças sexualmente transmissíveis, só mesmo com camisinha. Ou seja, durante a transa vaginal, o melhor é não colocar o absorvente interno e optar pelo uso da camisinha. Aliás, camisinha tem que ser usada em todas as práticas sexuais!

108 *Eu desconfio que peguei alguma doença porque minha vagina está ardendo. Vou ao médico?*

Demorou! O primeiro passo é sempre procurar um médico. Ele vai examiná-la e dizer se é ou não uma DST, e como tratar. Está esperando o quê?

109 *Depois da relação com meu namorado, tenho ficado com uma coceira intensa na vagina. O que pode ser?*

Pode ser que já passou da hora de você ir ao médico. Demorou mais uma vez! Não dá para ficar sentindo um certo incômodo e deixar para lá. A gente deve ir rapidinho ao ginecologista, para verificar ao certo o que está acontecendo. Há uma série de possibilidades. Pode ser uma infecção vaginal, ou uma alergia ao látex da camisinha (aí é o caso de tentar outra marca de preservativo), ou até mesmo uma DST (doença sexualmente transmissível). Ou, ainda, outra coisa, que só o médico mesmo poderá identificar. Mas não adianta apenas ficar com medo e, por isso, não tomar nenhuma atitude, não é? Quanto antes você buscar o tratamento, mais rápido virá uma solução! Lembre-se: prazer sexual não combina com incômodo nem dor. Pra que ficar sofrendo à toa? Menina esperta é aquela que está sempre antenada com o que ocorre no próprio corpo. E busca ajuda médica toda vez que for necessário!

110 *Transei sem camisinha e ele disse que não gozou dentro da vagina. Mas um ou dois dias depois, eu liberei um corrimento branco igual ao esperma, parecendo um catarro e com o mesmo cheiro. O que será?*

Quando há ejaculação dentro da vagina, pode até ser que no dia seguinte ainda saia um pouco de esperma de lá. Mas, se ele não ejaculou dentro da sua vagina... então, não pode ser, né? Quanto ao corrimento, vale a pena investigar. Pode ser que seja algo simples, mas, se isso chamou sua atenção, merece ser observado mais a fundo. E, com certeza, você já sabe qual a melhor maneira de identificar do que se trata. Indo ao ginecologista, claro! Que tal marcar logo essa consulta? Só o médico poderá examiná-la e sugerir o tratamento mais adequado. Sei que o intuito aqui é que eu responda às suas perguntas, mas gostaria de fazer-lhe uma: por que é que vocês fazem sexo sem camisinha? Será que não seria mais bacana incluir esse item tão importante para o sexo seguro no kit erótico de vocês? Prazer e saúde andam cada vez mais juntos. Lembre disso ao tomar suas decisões.

111 *Doença sexualmente transmissível atrapalha o prazer?*

Claro que sim! Toda doença sexualmente transmissível pode atrapalhar o prazer. Isso porque as DST costumam incomodar e provocar alterações na nossa região genital, como coceira, irritação e outros desconfortos. O melhor é se cuidar para não pegar. E, caso tenha pegado alguma doença, ir logo ao médico e fazer o tratamento direito é a melhor opção.

112 *Se pegar alguma DST, posso continuar tendo relações?*

Primeiro, garota e rapaz têm de ir ao médico (ginecologista para elas, urologista para eles). O médico é quem vai prescrever o tratamento adequado. Mas, em geral, podem manter relações durante o tratamento, desde que tomando os cuidados necessários, como usar camisinha SEMPRE e não ter contato direto com as áreas infectadas, como nos casos das DST que provocam lesões.

113 *Peguei uma DST. Conto ou não conto para o meu namorado?*

O ideal é a gente abrir o jogo para que os dois se cuidem da melhor maneira possível e evitem que essa doença se espalhe cada vez mais por aí. Além disso, para que o tratamento de uma DST dê bons resultados, é preciso que o parceiro também vá ao médico, para ver se ele está ou não infectado (e qual o tratamento que precisa fazer também).

114 *Por que isso de pegar doença foi acontecer justo comigo?*

Não é só com você, não! Isso ocorre, infelizmente, com um número grande de garotas e garotos. E é por isso que todo mundo precisa ficar beeeem esperto: tem gente que está com alguma DST e nem se dá conta disso! E você já sabe: quanto antes buscar tratamento, mais rapidamente ficará livre desse problema!

115 *Ouvi dizer que a gente pega HPV facilmente. É verdade?*

Depende: se você não se previne (com camisinha, selecionando bem a pessoa que estará ao seu lado...), corre o risco de pegar qualquer doença! Há mais de 100 tipos de vírus HPV, uns mais violentos, outros nem tanto. Cerca de 1/3 das brasileiras tem HPV, o Papiloma Vírus Humano, uma doença sexualmente transmissível que costuma provocar verrugas nos genitais. O dado é alarmante, mas há uma boa notícia: está sendo testada uma vacina contra essa doença – e pode ser que nos próximos anos já esteja disponível no mercado. Tomara que dê certo! Mas, e até lá? A saída é uma só: usar camisinha, em todas as relações sexuais.

116 *Que história é essa de verruga de HPV na garganta?*

O HPV (Papiloma Vírus Humano) é uma doença sexualmente transmissível que costuma provocar verrugas na vagina, no ânus, no pênis e nos genitais internos. Mas também na garganta, por causa do sexo oral.

117 *É verdade que dá para pegar HPV até sem penetração?*

É sim. Essa doença é mais facilmente transmitida durante a relação sexual (sexo anal e vaginal), mas também pelo sexo oral. Mais ainda: também pelo contato com a área contaminada. Como assim? Ou seja: aquele esfrega pra cá, esfrega pra lá, da vagina no pênis, mesmo sem penetração, ou de outra parte qualquer contaminada, também pode transmitir o HPV.

118 *Quanto tempo o vírus HPV pode ficar no corpo de uma pessoa?*

De 2 a 15 anos é o período em que o vírus costuma ficar no corpo de uma pessoa (é muito tempo, você não acha?). Na maioria dos casos, o vírus fica escondido e a doença só dá seus sinais (as verrugas e as lesões) quando a pessoa está numa fase de baixa resistência do organismo.

119 *E quem já tem o vírus (e as verrugas), faz o quê?*

Qualquer que seja o seu caso, é o médico ginecologista que recomendará o tratamento mais adequado. Em geral, ele remove as verrugas no consultório e dá uma série de orientações. Para algumas pessoas, dói um pouquinho, mas não é nada que não dê para suportar. Afinal, vale o sacrifício: HPV não tratada pode complicar a vida de qualquer pessoa! Segundo pesquisas, esse vírus está relacionado a 99% dos casos de câncer de colo de útero. Então, é óóóóbvio que você vai tratar direitinho, para não correr esse risco, não é verdade? Detalhe importante: é preciso incluir o parceiro no tratamento, para que ambos fiquem livres desse problema rapidinho. E é imprescindível passar a usar camisinha, SEMPRE!

120 *Ultimamente, eu tenho notado umas verrugas meio grandes perto do meu ânus. Devo me preocupar ou isso é normal?*

Que tal uma visita a um médico (urologista) para ver de perto o que pode estar acontecendo? Pode ser sinal de alguma doença sexualmente transmissível, sim. A boa notícia é que há tratamento – é só buscar ajuda especializada! Este é um motivo para visitar o ginecologista: quanto mais rápido a gente inicia o tratamento, mais chances há de sucesso. E você se livra mais rápido do problema! Então, em vez de ficar aí tentando descobrir por si só o que pode estar ocorrendo, mexa-se e vá a um consultório! A sua saúde (e o seu prazer, também) agradece!

AS PERGUNTAS DOS MENINOS

Estas são as principais dúvidas deles.
(Mas as meninas deveriam ler isto também!)

121 *E aquela história de que "O que os olhos não vêem..."?*

O corpo costuma sentir, sim, em especial quando se trata de vírus como o HPV, do qual falamos em várias perguntas anteriores! O vírus HPV é um bom exemplo: nos meninos, esse vírus fica bem escondido. E em muitos casos só dá para enxergar as lesões que a doença provoca com um microscópio. Ou seja, o garoto pode estar contaminado e ninguém sabe! Essa é mais uma razão para não se esquecer da camisinha durante as relações sexuais. E é necessário usá-la também no sexo oral: os médicos contam que as verrugas aparecem até na garganta. Adivinhe por quê?

122 *Tenho pequenos caroços na minha glande e ao redor dela. Ela está como se estivesse ralada. É muito constrangedor quando estou fazendo sexo... As pessoas têm medo de fazer sexo oral em mim. O que eu faço?*

Vá ao médico já! O que você está esperando? Sempre que a gente vê algo esquisito na região do pênis, do ânus, da glande (a cabeça do pênis) etc., é preciso buscar a ajuda de um especialista. O ideal é ir ao urologista o quanto antes! Essa dica vale também para as meninas: sempre que arder, coçar, doer ou surgirem coisas estranhas tipo bolinhas, feridas ou corrimento com mau cheiro, é preciso ir ao médico (o dos garotos é o urologista). Aliás, quem já tem vida sexual ativa precisa ter também responsabilidade e maturidade em relação à sua saúde. Lê-se: visitar o médico urologista pelo menos uma vez por ano. Vale também ser responsável num sentido mais amplo: usando camisinha, o que evita que você contraia ou transmita alguma doença sexualmente transmissível (DST). Sobre o sexo oral, o comentário é uma crítica. Ou melhor, duas: 1. não dá para fazer sexo oral sem camisinha, pois isso pode transmitir doenças; 2. não dá para querer continuar fazendo qualquer tipo de sexo sem antes verificar se você está ou não com alguma doença – e tratá-la adequadamente! Portanto, médico já! Você só tem a ganhar!

123 *Uma pessoa que há muitos anos (três, eu acho) está doente de uma DST, e que nunca foi ao médico, tem chance de cura?*

Eu é que faço uma pergunta a você: por que é que você ainda não foi ao médico? Ninguém merece isso!!! Três anos na dúvida, sofrendo tanto fisicamente como emocionalmente? É demais! Está mais do que na hora de marcar essa consulta. Com coragem! Sem medo e... sem enrolar por mais tempo! Afinal, o que é que pode acontecer de mau numa visita ao urologista? Na verdade, o especialista vai apenas apontar como anda sua saúde e, caso necessário, indicar o tratamento mais adequado. A meu ver, isso tudo é SUPERPOSITIVO! Quanto à chance de cura, é só mesmo o médico que poderá avaliar. Mas quanto antes você for ao consultório, mais rápido irá fazer o tratamento e obter os resultados. Portanto, a dica é: não espere mais. Nesse momento, não importa se você demorou um ou cem anos para ir ao médico; o que vale é a sua atitude daqui para a frente. E quanto antes você se mexer e buscar esse especialista, melhor para você!

124 *Se eu tiver um corpo sarado, é sinal que meu corpo é saudável, ou seja, sem doença?*

Nem sempre. Grande parte das pessoas tem se dado mal no que se refere à prevenção de doenças por um equívoco de informação. Tem gente achando que rosto bonito, corpo sarado, roupa da moda e ares de quem acabou de sair do banho são garantias de que aquela pessoa não tem nenhum vírus ou bactéria. Grande engano. As coisas não são tão simples assim. As doenças sexualmente transmissíveis atacam namorados e namoradas bacanas também. A dica é: escolha bem a pessoa com quem você vai se relacionar, claro, mas jamais dispense o preservativo. Usá-lo em todas as relações sexuais (e até quando o namoro ficou sério) é sinal de esperteza e responsabilidade.

125 *Se a menina engolir o esperma durante o sexo oral, pode pegar doença?*

Pois é. Essa é uma questão delicada. O esperma, por si só, não faz mal a ninguém. A menina pode ter contato com ele na boca, que não faz mal algum à saúde. Mas... vivemos em um momento de grande incidência de doenças sexualmente transmissíveis (as DST). E se o rapaz estiver com algum vírus, por exemplo, mesmo sem ter percebido ainda? Como é que fica? O esperma é um grande transmissor das DST (inclusive a aids!!!), pois concentra uma alta carga de vírus. É aí que a situação se complica: se o casal não usar camisinha durante o sexo oral, o garoto pode transmitir alguma doença para a garota. E isso não é nada legal, né? Então, não dá para ejacular na boca da namorada, não. Pra que correr esse risco de transmitir alguma DST por meio do esperma? Sexo seguro, ou seja, com preservativo, é a opção que as pessoas maduras e conscientes devem fazer. Encaixe-se nesse grupo! Uma dica: eu vivo falando de camisinhas com aroma e sabor de frutas, especiais para o sexo oral. Elas são muito bacanas, sabia? Têm gosto de morango, de menta, de uva, de chocolate... Fica muito mais excitante! Bom para ela... e, claro, melhor ainda para você!

126 *Aids é parecido com HPV?*

Não. HPV não é HIV. As siglas podem até ser semelhantes – HPV (Papiloma Vírus Humano) se parece com HIV (que é a sigla do vírus da aids). Mas uma doença é bem diferente da outra. Volte às primeiras perguntas deste capítulo e dê uma lida no quadro sobre as principais doenças, para ver que cada uma é de um jeito. Aids ainda não tem cura. HPV pode causar uma complicação danada, ainda mais por estar relacionado a casos de câncer genital. Ou seja: é preciso usar camisinha MESMO e se prevenir contra tudo isso.

127 *Como o vírus da aids é mais facilmente contraído na hora da transa?*

Em linhas gerais, pode ser contraído se a pessoa tem contato com sangue infectado, esperma ou outras secreções corporais de quem é portador do vírus da aids. Esta é a regra básica. Por isso: tem que usar camisinha!

128 *Como evitar me contaminar?*

Além de usar camisinha e de selecionar bem a pessoa que vai estar ao seu lado, há mais dicas para evitar o contágio, como manter hábitos de higiene (lavar bem os genitais e as mãos antes e depois de manuseá-los), a auto-observação (ficar de olhos bem abertos para alterações esquisitas que surjam no corpo e na região pélvica) e ir ao médico com freqüência (a cada seis meses ou uma vez por ano).

129 *É verdade que o vírus HIV pode ficar escondido no meu corpo?*

Pode sim. O portador de HIV pode ficar sem apresentar sintomas da doença por dez anos. Em casos raros, pode ser que ele nunca venha a desenvolver a doença.

130 *Como saber se tenho o HIV?*

Para saber se você tem o vírus, é preciso fazer o teste. Porém, antes de seis meses da contaminação, esse teste pode dar o resultado falso negativo. Isso porque há uma janela imunológica de 15 dias a seis meses (ou seja, o tempo de que o corpo precisa para produzir a quantidade de anticorpos detectável pelo teste). Mas pode ocorrer outro resultado também: o falso positivo. Acontece quando o teste detecta a presença de grande quantidade de anticorpos, mas eles podem ser por causa de uma grande infecção urinária, por exemplo. É por essas razões que há a necessidade de um exame confirmatório (em todos os casos!) seis meses após o primeiro exame que a pessoa fez. Duas dicas importantes: 1. dá para fazer o teste de graça na rede pública; 2. o teste só informa o seu estado naquele momento, e não descarta o uso posterior de camisinha! Aliás, o capítulo seguinte é todo dedicado a dicas para tornar o uso da camisinha mais seguro e mais prazeroso! Vale a pena conferir!

USO DE CAMISINHA

Capítulo 4

É preciso amar direito...

Jota Quest, em "Amor Maior".

Pode parecer uma chatice, mas não tem outra saída: camisinha, tem que usar! Trabalhei anos repetindo isso em palestras e em colunas de revistas para adolescentes. Não só eu, mas um time gigante de educadores vive em campanha pelo uso da camisinha. E o mais curioso é que muita gente ainda não usa! Mas pessoas espertas, como você, com certeza já usam, ou vão passar a usar. Confira agora, então, algumas dicas bááááááásicas para tornar tudo mais fácil (além de prazeroso e interessante!).

AS DICAS PARA OS MENINOS

Estas são as principais dúvidas deles.
(Mas as meninas deveriam ler isto também!)

131 *O que eu faço se eu ficar nervoso e não conseguir colocar?*

Claro que isso pode acontecer, e com qualquer pessoa, mas o jeito é tentar se acalmar. Talvez lembrando que ficar nervoso é coisa que pode ocorrer com qualquer um, que isso é algo natural e que, mais tarde, você pode até dar risada dessa confusão toda! Outra dica: treine antes, sozinho, quantas vezes forem necessárias. Aí abaixo vai o passo a passo, para você ficar bem seguro de como é (lembrando que na embalagem das camisinhas também vêm dicas de como colocá-las):

132 *Posso colocar a camisinha só alguns segundos antes de transar?*

A camisinha é para proteger contra doenças sexualmente transmissíveis, não é? Então, é preciso usá-la desde o começo do contato sexual (e não só segundos antes da penetração). Ou seja, assim que o pênis fica ereto, você coloca a camisinha. Sabe por quê? Porque os fluidos naturais dos genitais podem conter vírus e bactérias, além de o contato com a mucosa infectada também poder transmitir doenças. Chato, não é? E fazer o quê? Você já sabe: a gente precisa

Passo a passo para colocar a camisinha masculina

1 Abra o envelope com as mãos (e não com a boca ou a tesoura, para evitar furar a camisinha e comprometer a eficácia dela).

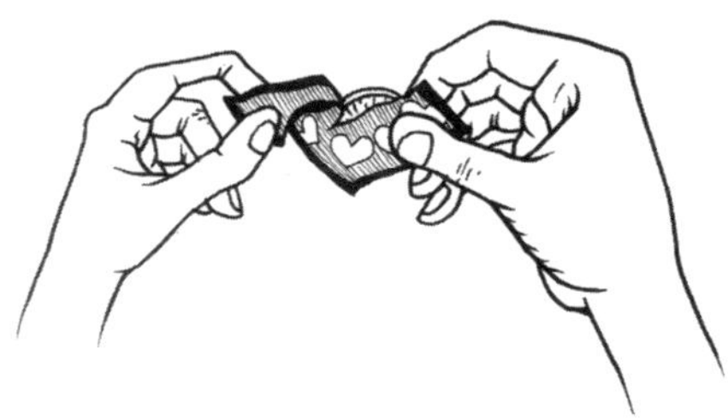

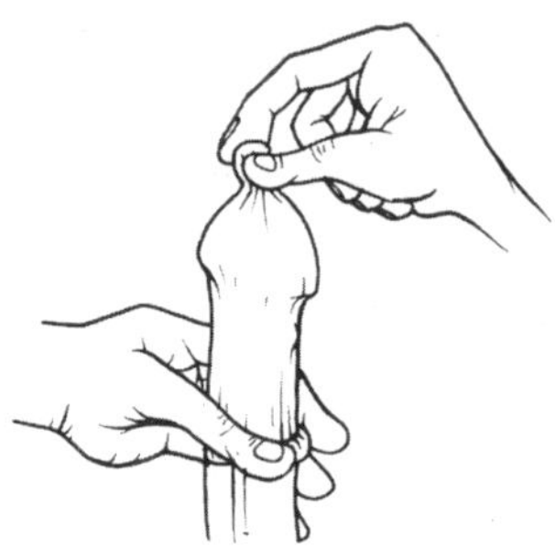

2 Com uma das mãos, pressione a ponta para tirar o ar (essa pontinha é um reservatório: é ali que ficará o sêmen após a ejaculação).

se prevenir desde o começo do começo do começo. Deu para entender?

133 *Melhor colocar no banheiro ou na frente da menina?*

Você não precisa ir ao banheiro, não. Pode vestir a camisinha na frente dela, sem encanações. Ou até mesmo com a ajuda dela. Assim é bem mais divertido, não acha?

134 *Depois que ejaculei (claro que na camisinha), o que faço? Tiro ou fico com ela até o fim da relação?*

A hora de retirar é logo após a ejaculação, ainda com o pênis ereto. Caso contrário, o esperma pode vazar e... está

3 Vá desenrolando a camisinha da cabeça até a base do pênis ereto (tem um lado certo para ir desenrolando, e isso você pode perceber na hora: é o lado em que ela desenrola com maior facilidade).

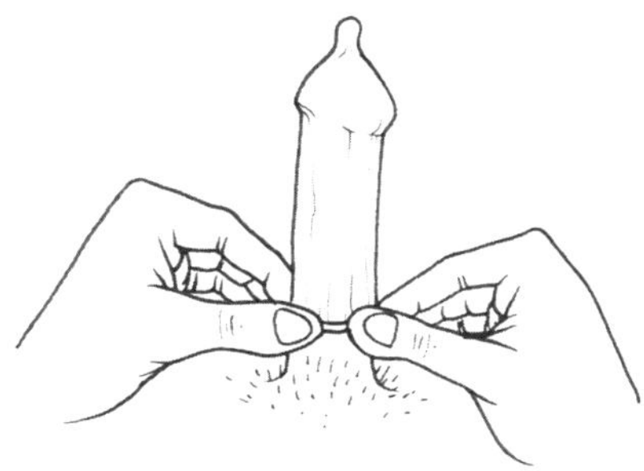

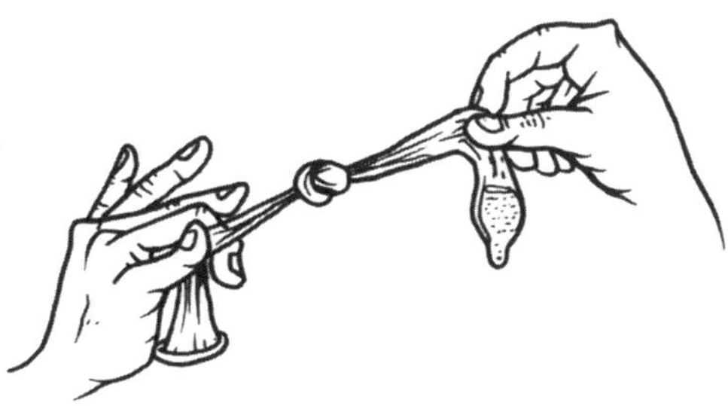

4 Após a ejaculação, com o pênis ainda ereto, é só ir desenrolando devagar, dar um nó na ponta e jogar no lixo.

feita a bagunça: há o risco de contrair doenças ou engravidar. Ou seja, para continuar a brincadeira, o ideal é jogar fora o preservativo com a ejaculação e colocar outro. Importante: camisinha não é pra usar só na penetração vaginal ou anal, não, viu? É necessária também para a prática de sexo oral. Com cuidados como esse, você e sua parceira só têm a ganhar.

135 *Posso usar a camisinha mais de uma vez, tipo ejacular duas vezes sem retirar a camisinha? Tem risco de fecundação, sabendo que o dito-cujo amolece um pouco para poder recarregar?*

Vamos pensar juntos nessa questão: se o "dito-cujo" amolece um pouco após a primeira ejaculação, será que há risco de o esperma escorrer da camisinha e vazar para onde não deveria? A resposta é sim, há esse risco. Se o esperma vazar na vagina, será que há risco de engravidar? A resposta é, mais uma vez, sim. Portanto, é melhor não bancar o econômico: vale mais a pena trocar a camisinha para garantir maior proteção entre uma ejaculação e outra. A gente costuma ter muitas dúvidas sobre sexualidade, mas algumas vezes basta pensar com calma na questão, que a resposta aparece naturalmente. O problema é que, muitas vezes, a gente não quer descobrir aquela resposta. Ou seja, a gente quer que as coisas sejam de outra forma. Como no caso de trocar a camisinha: seria mais fácil não ter de fazer isso, claro. Mas a resposta óbvia é que, sem trocá-la entre uma transa e outra, e considerando que o pênis pode amolecer um pouco, há risco, sim, de engravidar.

136 *O que eu faço se pintar um clima e não tiver camisinha por perto?*

Que tal dar um jeito de providenciar a camisinha? Melhor ainda: que tal, já que você sabe que pode pintar um clima, se antecipar e ter camisinhas à mão? Prevenir-se (ou seja, estar com duas ou três camisinhas por perto) em momentos-chave como esse é coisa de gente esperta – e antenada com o prazer, com a prevenção, com as responsabilidades etc. etc. etc.

137 *O que eu faço se a única camisinha que a gente tiver rasgar logo no começo?*

Aqui vale mais uma vez a dica da não-economia de preservativos: nessas horas, não dá para ter um só! Para garantir que vai rolar prazer sem esse tipo de empecilho, é importante ter mais de uma camisinha por perto (duas, três...) Assim, se uma estragar, ninguém fica na mão! Mas... e se não tiver outra para substituir a que estragou? A resposta não é das que você gostaria de ouvir, mas aí vai: o ideal seria deixar o sexo para outra hora... na hora em que tiver outra camisinha por perto!

138 *Como evitar que a camisinha estoure?*

Dica: a primeira é prestar atenção à data de validade. Outra: não abrir o pacote com os dentes, mas com as mãos (os dentes podem aumentar o risco desse rompimento). Mais uma dica: cuidado com os produtos usados na camisinha para incrementar o prazer sexual. Se forem usar um lubrificante, por exemplo, prefiram aqueles à base de água, que não danificam o material do preservativo. Outros produtos, como óleos e cremes hidratantes, não são indicados para isso. Mas, se algo não sair como planejado, ninguém precisa entrar em pânico. Mantenham a calma e busquem a orientação imediata de um médico. Assim, tudo fica muito menos complicado!

139 *E se, por infelicidade, a camisinha estourar? Minha namorada não toma pílula. A que podemos recorrer? Existe algo sem ser a pílula do dia seguinte? Uma ducha resolveria o problema?*

Ducha não resolveria o problema, não! Em casos como esse, o método mais indicado mesmo é a pílula do dia seguinte. Mas há um período para que ela faça efeito: só funciona se as duas doses (são duas pílulas) forem ingeridas rapidamente, de preferência até 24 horas depois da relação sexual sem proteção. De qualquer forma, quando algo não sai muito de acordo com o esperado, vale sempre uma consulta ao ginecologista. Ele é o profissional mais indicado para resolver caso a caso, dando uma orientação adequada ao que vocês estiverem vivendo naquele momento.

140 *No caso de a camisinha estourar, teria algum problema usar a pílula do dia seguinte sem prescrição médica?*

Essa questão é delicada. A pílula é vendida em farmácias e qualquer um pode comprar. Mas, a meu ver, é sempre bom ter a orientação de um especialista – no caso, um médico ginecologista – antes de tomar qualquer tipo de medicamento, inclusive a pílula do dia seguinte. A dica é: agir rápido, tanto para procurar o médico, como para tomar a pílula.

AS DICAS PARA AS MENINAS

Estas são as principais dúvidas delas.
(Mas os meninos deveriam ler isto também!)

141 *Como é que se coloca a camisinha feminina? Parece muuuuito difícil!*

Se você treinar, com certeza pegará o jeito. Vamos às dicas: só para você entender melhor, a camisinha feminina precisa ser introduzida dentro da vagina, deixando uma borda para fora (cerca de 2 centímetros) para cobrir os lábios vaginais. Uma dica inicial: a melhor posição para colocá-la é ficando de pé e apoiando um dos pés numa cadeira. Outra sugestão: coloque-a momentos antes de começar a relação. Vale repetir: sexo seguro é, sem dúvida, a escolha certa para garantir a felicidade e a saúde sexual do casal. Veja o passo a passo na outra página.

142 *Usar camisinha feminina no sexo oral (na garota) é muuuuito ruim! Qual é a saída? Tem muito lubrificante...*

Pois é. Mas fazer o quê? Há quem recomende colocar a camisinha sob água corrente, embaixo da torneira, para retirar um pouco do lubrificante e ficar mais adequada ao sexo oral na garota. O que eu, como educadora sexual, posso lhe dizer é: o ideal é usar esse tipo de camisinha para evitar a transmissão de doenças durante o sexo oral. Há muita coisa chata na vida... mas a questão é pesar prós e contras e compreender que, hoje em dia, a melhor opção para uma vida sexual feliz é fazer sexo seguro – SEMPRE!

143 *Que história maluca é essa de colocar um plástico?*

É engraçado mesmo! Mas, quando se trata de fazer sexo oral na mulher, as opções de prevenção são precárias... e os educadores sexuais costumam até indicar que se proteja a região vaginal com aquele plástico extrafino, usado na cozinha para cobrir alimentos. A meu ver, a melhor opção (ainda precária, talvez) é usar a camisinha feminina: ela recobre o canal vaginal e fica cerca de 2 centímetros para fora, protegendo parcialmente os lábios vaginais.

Passo a passo para colocar a camisinha feminina

1 Aperte o aro do anel do fundo para inseri-lo na vagina.

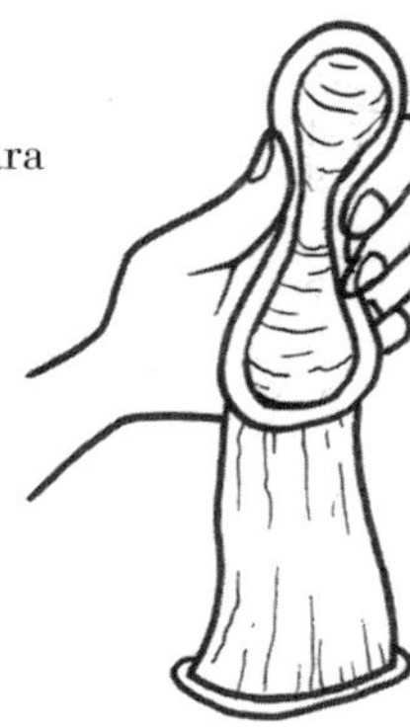

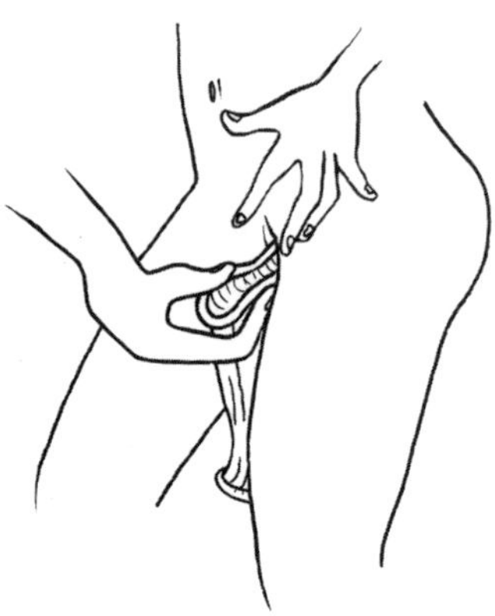

2 Com a outra mão, separe os lábios vaginais e insira a camisinha comprimida pelos dedos no canal vaginal.

144 *É verdade que existe uma camisinha específica para a prática do sexo oral no garoto? Onde eu compro?*

Na verdade, a camisinha usada para sexo oral pode ser do mesmo tipo da que se usa para as outras práticas, como para a penetração vaginal e o sexo anal. Essas camisinhas são vendidas em farmácias, ou distribuídas gratuitamente nos postos de saúde espalhados pelo Brasil. Há escolas públicas que também fazem essa distribuição aos alunos, através de uma campanha conjunta feita pelo Ministério da Saúde e pelo Ministério da Educação. Mas, se você quer variar, há camisinhas com aroma e com sabor de frutas, de

3 Com o dedo indicador, posicione-a no fundo da vagina.

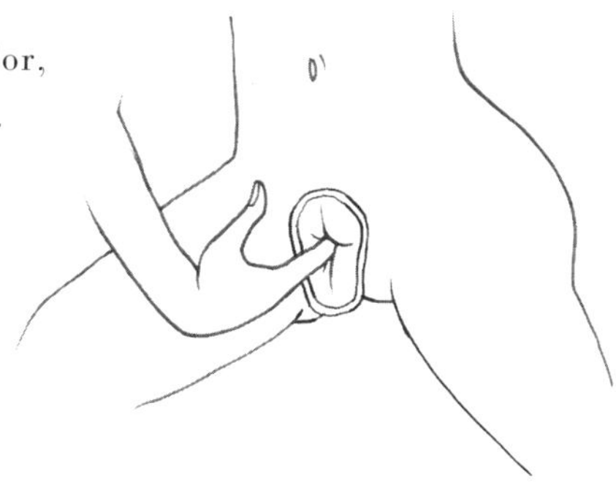

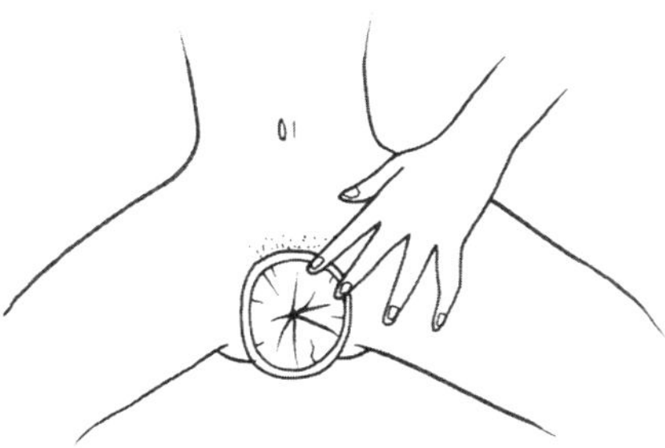

4 Deixe 2 a 3 centímetros da camisinha para fora, ajustando o anel externo para que cubra os grandes lábios.

chocolate etc., que são vendidas em farmácias e que foram desenvolvidas para dar um sabor a mais ao sexo oral. Elas também podem ser usadas para sexo anal e para penetração vaginal. Vale uma dica para saber se aquela camisinha que você está comprando é segura: confira a data de validade e o selo de qualidade. Outra sugestão: tenha sempre mais de uma camisinha à mão, para o caso de algum contratempo (vale a pena investir na segurança, você não acha?).

145 *Posso fazer sexo oral no meu namorado sem camisinha se eu tiver certeza que ele não tem nenhuma DST? Quando transamos pela primeira vez, éramos virgens!*

Sempre que estou em bate-papos ou palestras com adolescentes, surgem garotas e rapazes me perguntando sobre alternativas para evitar o uso de camisinha. E eu costumo repetir que usar camisinha é uma questão de responsabilidade para consigo mesmo e para com o outro, assim como de maturidade e de esperteza. Isso porque, segundo os médicos, não basta que você tenha feito, por exemplo, um teste de HIV para ficar liberada para transar sem camisinha. Sabe por quê? Porque o teste só revela a situação daquele momento, do dia do teste. E depois? Será que ambos continuaram mantendo práticas sexuais seguras? Além disso, é preciso lembrar que alguns vírus e bactérias são transmitidos não só pelo sexo, mas por outras vias também – o HPV, por exemplo, aquele vírus que muitas vezes provoca verrugas nos genitais e está relacionado com 99% dos casos de câncer de colo de útero. Hoje já há casos, segundo alguns especialistas, de transmissão do vírus HPV por meio de sabonete ou toalha de banho. Já pensou? Ou seja, não basta ter confiança no parceiro, pois há outras formas de transmissão de vírus e bactérias. A saída? Incluir de vez esse artigo no seu kit erótico: a camisinha. Tem que usar sempre. Assim, fica tudo muito mais seguro!

146 *Então quer dizer que temos de usar camisinha a vida inteira? Que absurdo!!! E quem quiser engravidar? Faz o quê?*

Vamos por partes... Resposta 1: sim, o ideal é usar a camisinha a vida inteira, para ficarem protegidos de fato contras as DST que existem por aí (será que você leu a pergunta anterior e ainda não se convenceu disso??? Ai, ai!). Resposta 2: se o casal quer engravidar, aí é outro papo. Nesse caso, envolve uma série de decisões importantes e amadurecidas, como: a escolha do momento ideal para ter um filho, a reflexão sobre prós e contras dessa escolha, o compromisso estabelecido entre o casal, entre outras. Aí, é o caso de ambos – homem e mulher – visitarem um médico para fazer os exames necessários e verificar se está tudo OK com a saúde sexual. Deu para perceber que é um passo importante que envolve planejamento e responsabilidades? Pois é. A meu ver, gravidez é coisa para mais à frente na vida, e não para um momento de primeiras descobertas como é a adolescência! Portanto, no seu momento atual, a minha dica é: USE camisinha, camisinha, camisinha!

147 *Enfim, qual é o básico que eu preciso saber sobre camisinha?*

Alguns pontos são importantes: 1. use só uma camisinha de cada vez, pois uma sobre a outra pode danificar ambas; 2. tenha mais do que uma camisinha por perto para o caso de uma estragar bem na hora H; 3. o contato entre os genitais só deve ser feito depois de vestida a camisinha; 4. é para usar em todo tipo de sexo (oral, anal e vaginal); 5. a camisinha masculina usada no sexo anal precisa ser substituída caso vocês forem fazer outras práticas depois (vaginal, oral etc.); caso contrário, os microorganismos que vivem numa boa no ânus podem causar infecções se transportados para outras regiões do corpo pelo uso da mesma camisinha.

148 *Não há o que me convença a usar camisinha. Será que alguém consegue?*

Talvez... Vamos lá: confira agora cinco (excelentes) razões para usar:

Camisinha

Não basta só confiar no parceiro porque...

Motivo 1 ... alguns vírus e bactérias podem ficar 10, 12, 15 anos no corpo sem a pessoa perceber que ele está ali. Ou seja: sem camisinha, essa pessoa pode transmitir o vírus, até mesmo sem se dar conta disso.

Motivo 2 ... há vírus bem violentos e que não são transmitidos só pelo sexo, como o HPV: pode-se pegar até de toalha de banho e de sabonete usado por alguém infectado, informam os médicos (viu como não tem a ver com confiança um no outro?).

Motivo 3 ... a aids é uma doença que hoje está sob controle, mas ainda não tem cura. Pior: infecta um jovem a cada 14 segundos no mundo. Portanto, não é nada inteligente manter uma prática sexual de risco.

Motivo 4 ... além de aids, há dezenas de doenças graves transmitidas pelo sexo, como o HPV de que tanto falo: esse vírus está relacionado a 99% dos casos de câncer de colo de útero, que mata uma mulher por hora no Brasil!!!

Motivo 5 ... as garotas estão cada vez mais na mira das doenças pegas pelo sexo: no começo da epidemia de aids, por exemplo, a proporção era de 20 casos em homens para cada caso em mulheres. Hoje, o quadro piorou para as meninas: a proporção é de dois casos de aids em garotas jovens para cada caso em meninos. Está mais do que na hora de fazer da camisinha uma das nossas melhores amigas.

149 *Tudo bem: decidi usar camisinha. Mas e se a gente não tiver dinheiro para comprar?*

Será mesmo? Vamos fazer algumas contas: um pacote com três camisinhas custa em média o equivalente ao preço de um ou dois refrigerantes (você compra refrigerante de vez em quando?). Mas tem outra opção: os postos de saúde distribuem de graça. Claro que você pode ficar encabulada de pedir, pode se sentir pagando mico e pode até correr o risco de ouvir um comentário de mau gosto por lá (do tipo: "O que vocês vão fazer com isso, hein?"). Mas a questão que se coloca é: e daí? Se você está decidida a ser responsável e a fazer sexo seguro, qualquer obstáculo na obtenção de camisinha ficará beeeeem pequenininho – e fácil de ser vencido!

150 *Camisinha ou anticoncepcional??? O que eu escolho? Não sei direito o que é melhor para mim.*

Muita garota ainda faz confusão entre o preservativo e o anticoncepcional. Mas são coisas bem diferentes. A camisinha é indicada para você se prevenir contra aids e outras infecções sexualmente transmissíveis. O anticoncepcional é o método mais eficaz para você evitar uma gravidez fora de hora. Moral da história: você precisa ficar com os dois. Essa é a dupla infalível para transar sem risco de pegar uma doença ou de engravidar. E há motivos de sobra para você fazer essa escolha!

ORGASMO

Capítulo **5**

Não vim até aqui
para desistir agora...

Engenheiros do Hawaii, em "Até o Fim".

Este capítulo é bem interessante: as garotas vivem enviando dúvidas sobre orgasmo para tudo quanto é lugar (revista, programa de TV, rádio, site, escola etc.). Por que tanta curiosidade? Porque o orgasmo feminino, de um tempo para cá, virou a bola da vez: todo mundo quer saber detalhes e mais detalhes sobre ele. Tudo bem, até vamos esclarecer aqui alguns pontos. Mas, antes, vamos combinar: cheeega dessa paranóia em torno do orgasmo! De tanto falar dele (e persegui-lo, e desejá-lo, e cobrá-lo, e persegui-lo mais...), daqui a pouco esse prazer vai acabar até perdendo toda a graça!

AS CURIOSIDADES DAS MENINAS

Estas são as principais dúvidas delas.
(Mas os meninos deveriam ler isto também!)

151 *Qual a melhor forma de chegar ao orgasmo?*

A primeira delas é relaxar e não ficar pensando o tempo todo: "Tenho de chegar lá!". Essa preocupação só atrapalha. Deixa a menina supertensa e complica tudo. Na hora

H, a gente precisa estar bem tranqüila, sem nada martelando a cabeça, muito menos encucações do tipo "Será que ele está me achando legal? Ou ridícula?", "Será que meu corpo tá OK? Ou tô uma baleia?", "Será que vai doer? Ou vai ser bom?", "Será que isso, será que aquilo?". Estes pensamentos são péssimos. O clima erótico vai por água abaixo. E o orgasmo também. Outra dica: a gente precisa descobrir o que dá mais prazer. Carícia no clitóris costuma ser a principal responsável pelo orgasmo feminino (mesmo durante a penetração, sabia?). Mas há outras coisas superexcitantes: carinhos nos seios, na barriga, no bumbum, além de beijos, abraços, amassos... Esse monte de carícias ganha o nome de preliminares. Elas esquentam o clima e fazem com que, aos poucos, a gente fique superexcitada e atinja o orgasmo. O segredo é experimentar: um toque aqui, outro ali... É assim que se descobre o caminho para chegar lá. Essa experimentação pode ser feita do jeito que a pessoa preferir: sozinha ou a dois. Só para você saber: o orgasmo nem sempre é aquela coisa de perder o fôlego. É uma sensação de intenso prazer, sim, mas há dias em que é mais fraquinho do que em outros. E dura cerca de oito a dez segundos (só isso!). Então, o ideal é não ficar se preocupando apenas com ele. O melhor é curtir cada momento da relação.

152 *Por que a gente sente tanto prazer na tal hora do orgasmo?*

Porque o processo do clímax é decorrência de um mecanismo corporal de prazer nos nossos genitais. Na mulher, as contrações do orgasmo vão desde o útero, passando pelo canal vaginal e chegando ao clitóris. O mecanismo envolve ainda uma série de outras reações, como o aumento dos batimentos cardíacos (que chega a 150 batimentos por minuto na hora do orgasmo e da ejaculação), além de maior circulação sanguínea na região pélvica, aumento da temperatura corporal, além de a pessoa começar a suar, os pêlos se eriçarem... Estas todas são reações de prazer do nosso corpo.

153 *A sensação de receber carícias no clitóris nem sempre é tão boa quanto todos descrevem. Isso é normal?*

Nem tudo na cama ocorre exatamente como as pessoas costumam divulgar. Muitas vezes, o orgasmo e o prazer sentidos com os toques no clitóris são bem diferentes do que a gente imagina, ouve falar ou vê em filmes. A intensidade do orgasmo varia de pessoa para pessoa. E de um dia para outro também: hoje você pode ter um superorgasmo e amanhã chegar lá de um jeito muito menos intenso. Isso é absolutamente normal. E ocorre com toda mulher: o corpo feminino reage desse jeito aos estímulos eróticos. Com o clitóris também é assim. As carícias despertam sensações variadas, dependendo de como a gente está no dia. Se você está tensa, irritada ou ansiosa, seu corpo reage de forma mais negativa aos toques. Nesse caso, a carícia no clitóris pode provocar incômodo e até mesmo dor. Outra coisa: massagear o clitóris por muuuuuuito tempo pode dar uma sensação de amortecimento. Ou seja, os toques param de surtir qualquer efeito erótico. Mas tudo isso é absolutamente normal. Ou seja, acontece com qualquer pessoa, pois é o funcionamento natural do corpo feminino.

154 *Qual a dica para que tocar o clitóris seja gostoso?*

A dica para que os toques nessa região sejam mais prazerosos é: procure se preparar para entrar no clima. Como? Sei lá, você escolhe. Pode ser desde tomando um banho longo e relaxante, porque isso faz com que você se livre um pouco das tensões, até ouvir um pouco de música, sair para dar risada, ou fazer qualquer outra coisa que: 1. descontraia; 2. divirta; 3. relaxe; 4. abra caminho para um clima de erotismo e envolvimento a dois. Para a hora H, há outra dica: não se preocupe demais. Apenas deixe fluir, sempre de maneira bem tranqüila e descontraída. Com certeza será muito mais prazeroso.

155 *De quanto em quanto tempo a mulher goza novamente?*

Varia de pessoa para pessoa. E de acordo com o nível de excitação dela. Em geral, logo após o orgasmo o corpo entra numa profunda fase de relaxamento. Nessa hora, tudo o que a gente quer é relaxar (isso ocorre tanto com as garotas como com os rapazes). Mas, depois de um tempinho, se o casal retomar os beijos, abraços e amassos, o desejo sexual pode voltar. E o orgasmo pode ocorrer de novo. Para isso, basta que se excite o suficiente.

156 *Que história é essa de orgasmos múltiplos?*

Alguns sexólogos acreditam que há mulheres (cerca de 10%) que têm o que chamamos de orgasmos múltiplos: é uma seqüência de pequenos orgasmos durante uma mesma relação. Porém, esses estudiosos afirmam que a maioria de nós (90%) reage de uma maneira diferente às carícias eróticas: tem um grande e intenso orgasmo ao final da transa. Para quem pertence a esse segundo grupo, a dica é: após o primeiro orgasmo, não fique ansiosa para ter um segundo, um terceiro etc. O ideal é dar tempo ao tempo e deixar seu corpo fazer o que ele quer no momento: ou seja, relaxar. Pelo menos por um tempinho. Depois, sim, tudo bem retomar os jogos eróticos. Dessa forma, o prazer será, com certeza, muito maior.

157 *Adoro transar! Sinto tanto prazer, que na maioria das vezes chego ao orgasmo. Gostaria de pedir algumas dicas para diminuir todo esse pique!*

Não acredito que você está reclamando de sentir desejo, prazer e chegar ao orgasmo!!! Que bobagem, você não acha? Pare de se sentir culpada por gostar desse "pique". Isso não é feio, não, viu? A gente não deve se envergonhar disso. Pelo contrário: deve saber que sentir prazer é algo superpositivo para a vida. Nos dias de hoje, a queixa de muitas garotas (e de mulheres adultas também) é justamente contrária à sua. Elas reclamam que estão com o desejo em baixa, ou que não sentem prazer nem chegam ao orgasmo. A minha dica para você é: deixe as encanações (e toda essa sua visão preconceituosa) de lado. Saboreie sem culpa o seu prazer!

158 *Que raiva de não ter orgasmo! Queria nascer sabendo...*

Mas ninguém nasce sabendo tudo! E não basta fazer uma vez para descobrir todos os segredos. Portanto, quem ainda não entrou para o time das que já tiveram orgasmo, não precisa se desesperar. Daqui a pouco você consegue. As dicas? Há três básicas: 1. tenha paciência e não se cobre demais; 2. procure conhecer melhor o seu corpo; 3. deixe as coisas rolarem de um jeito divertido e descontraído. A Gisele (nome trocado para preservar a identidade) hoje tem 19 anos e conta que um tempo atrás teve o primeiro orgasmo num amasso, depois que já estava namorando fazia uns meses. "A gente estava se beijando muito, de roupa mesmo, na casa dele. Teve uma hora que, de tanto ficar beijando, abraçando e mexendo pra lá e pra cá, senti uma coisa estranha", conta ela. "Na hora, fiquei na dúvida se era orgasmo ou não. Perguntei para uma amiga que já transa há um tempão e ela me confirmou. Eu cheguei lá, meio que sem querer." Pois é... às vezes, acontece quando a gente menos espera também! A dica? Parar com essa "caça ao orgasmo" de forma desesperada e ir com mais calma.

159 *Por que é que tanta garota tem dificuldade para chegar ao orgasmo?*

Porque nada funciona se a cabeça não estiver OK. A pessoa precisa estar despreocupada e, ao mesmo tempo, bem ligada no clima erótico para que as carícias abram caminho para o clímax. Medos, ansiedade, questões emocionais, cobranças e preocupações são fatais a esse clima erótico e, em conseqüência, à obtenção do orgasmo. A dica é: o ideal é relaxar, se dedicar à descoberta de pontos de prazer (sozinha ou a dois) e deixar as coisas acontecerem naturalmente.

160 *Já é a terceira vez que transo e ainda não consigo ter orgasmo! Queria saber se é normal, e o que posso fazer para mudar essa história urgentemente!*

A primeira coisa a fazer é ter mais paciência consigo mesma. Descobrir o melhor jeito de chegar ao orgasmo é algo que pode levar mais do que duas ou três tentativas... Isso envolve uma série de questões, como conhecer bem o próprio corpo (onde e como tocá-lo para sentir prazer) e estar bem tranqüila na hora. Ansiedade em relação à transa, além de cobranças (tipo "Tenho que ter um orgasmo"), só atrapalha. A dica é: procure descobrir, aos poucos, onde e como você mais gosta de ser tocada. A outra dica é: compreenda que a maioria das pessoas passa por esse processo de descoberta – e fica muito mais fácil quando a gente não se preocupa demais!

161 *Sinto prazer, mas não tudo aquilo como falam. Há algo errado?*

Prazer sexual às vezes é uma coisa complicada mesmo, pois envolve várias questões. A começar pela qualidade desse prazer: o que será que é "tudo aquilo" de que as pessoas tanto falam? Questões como "Que prazer enorme é esse de que a gente ouve falar a toda hora?", "Será que o que eu sinto é muito ou pouco?" e "O que é que a mulher sente de fato na hora do orgasmo?" incomodam um número grande de pessoas. Fica a dúvida: "É assim mesmo?" E, muitas vezes, há quem acabe desvalorizando o próprio orgasmo. Explico melhor: às vezes, a gente sente prazer, mas esperava muito mais, algo meio cinematográfico mesmo. Só que esse orgasmo de cinema, muitas vezes, é o que o nome já diz, ou seja, algo de ficção. Não adianta querer que tudo seja como um filme, né? Vida real é bem diferente! Vale lembrar: há diversas intensidades de prazeres, e também diversas intensidades de orgasmos. Tem dia que a gente sente uma excitação intensa e um orgasmo bem forte. Em outras ocasiões, tudo vem mais fraquinho, ou melhor, diferente. Depende do nosso estado emocional e talvez até do físico (o cansaço, por exemplo, pode influenciar negativamente o orgasmo em determinado dia). É assim mesmo...

162 *Nunca tive orgasmo. E também não tenho coragem de me masturbar. A idéia de colocar o dedo dentro de mim me apavora um pouco.*

Pegue leve! Em todos os sentidos: isso significa que ninguém é obrigado a fazer o que não se sente à vontade. Se a idéia de "colocar o dedo dentro da vagina" a apavora um pouco, vá devagar. Ninguém é obrigado a se masturbar só porque "masturbação é saudável" e "a masturbação é o caminho para o orgasmo". Cada pessoa tem de respeitar o próprio ritmo, antes de tudo. Entendido isso, é hora de buscar se conhecer melhor. E não é só com a masturbação que a gente consegue fazer isso, não. Dá para fazer só pensando: tente investigar mentalmente o que lhe dá prazer, em que momentos é mais gostoso ficar junto, em que situações não é tão prazeroso assim, e por aí vai. Prazer tem a ver com conhecer-se e conhecer o outro, mas também com encontrar um clima de tranqüilidade para poder experimentar as variadas sensações e emoções. Isso inclui a escolha de um local bacana e de um momento em que tudo possa rolar sem pressa nem preocupações do tipo "Alguém pode chegar a qualquer momento". Inclui também tentar deixar a ansiedade um pouco de lado, assim como preocupações do tipo: "Preciso chegar ao orgasmo", ou "Será que estou fazendo direito?". Fazer isso já pode ser um bom começo para você ir descobrindo, aos poucos, o caminho para o prazer. O bacana é fazer tudo sem pressa, ou seja, saboreando ao máximo as etapas dessa viagem!

163 *Meu namorado é bem bacana e me deixa super à vontade. Mas eu meio que travo... e não chego ao orgasmo!*

Parece que algo muito importante você já tem: uma pessoa bacana ao seu lado. Estar com alguém especial é bem importante para que a gente consiga relaxar e curtir a relação. Relaxar e curtir, aliás, é algo que a gente nem sempre consegue fazer, em especial quando está cheia de preocupações ou cobranças internas. A dica, portanto, é tentar deixar encucações de lado e saborear cada momento em que estão juntos, desde o começo: o bate-papo, as risadas, o beijo, os toques... e por aí vai. O envolvimento sexual começa muito antes do ato em si. Que tal, então, experimentar deixar as coisas rolarem sem muita programação, sem roteiro, só com a espontaneidade do momento? Pode ser um caminho para começar a "destravar".

164 *Das outras vezes, quando nós estamos quase lá, eu sinto uma coisa estranha, como se, caso relaxasse, fosse fazer xixi. Nunca relaxei totalmente pra ver o que vai acontecer!*

Para não fazer xixi nessa hora, é bem simples: basta fazer antes da transa. Pense comigo: com a bexiga vazia, você não vai ter xixi para fazer na hora H, não é? Começar a pensar de um jeito mais óbvio (se já foi ao banheiro, não tem xixi) pode ajudá-la a não ficar imaginando tanta coisa na hora do orgasmo. Ficar com um monte de preocupações na cabeça só atrapalha nesse momento, e nos momentos anteriores e seguintes também. Pra que se preocupar tanto?

165 *Senti uma coisa diferente outro dia: senti meu corpo quente, minhas pernas tremeram, e esses sintomas que dizem que é do orgasmo. Foi mesmo?*

Pode ter sido orgasmo, sim... Não dá muito para a gente descrever como é, pois cada pessoa sente de um jeito. O que dá pra dizer é que orgasmo é uma sensação muito forte, tipo um pico de prazer, que leva alguns segundos e depois dá uma gostosa sensação de relaxamento. Tem gente que fala que sente um estremecer do corpo, um formigamento na região da vagina, uma espécie de "perda dos sentidos", um "sei lá o quê". Ou seja, as descrições variam e algumas são mirabolantes. Só mesmo você tentando encontrar a sua!

166 *Será que eu tive um orgasmo? Quando estou num amasso com meu namorado, ele me toca com o dedo e eu sinto uma contração na vagina... Não entendo direito o que é isso. Todo mundo tem essa mesma sensação?*

Isso é reação de prazer. Se ela for muuuito intensa, pode ser orgasmo. Quando a gente chega ao orgasmo (e pode até ser que você já tenha chegado, sabia?), a sensação que dá é de contrações na vagina e no clitóris, um certo formigamento na região, além de arrepios por outras partes do corpo. É uma delícia, mas muita menina acha pouco. Sabe por quê? Porque a gente escuta tanta coisa sobre o orgasmo (que a menina fica louca, que tem vontade de gritar, que perde a noção de tudo, que sai um monte de líquido da vagina, que faz isso, que faz aquilo...) que, quando ele acontece, a gente acha que não foi. Mas pode ter sido... Que tal comemorar?

167 *A TPM pode interferir no prazer sexual da garota? Eu fico meio irada...*

Pode sim, infelizmente. Tudo o que influi no emocional de uma pessoa pode atrapalhar o orgasmo, o desejo, o prazer e o desempenho sexual. Isso é normal. A dica é: procure um médico e cuide dessa tensão pré-menstrual!

168 *Por que dificilmente sinto prazer com a penetração? O que proporciona prazer na mulher é o clitóris somente? Ou a penetração também dá prazer?*

Difícil dizer se só o clitóris proporciona prazer ou se a penetração por si só conduz ao clímax. Isso varia de pessoa para pessoa. E de acordo com a fase da vida também: às vezes, em determinado momento, com determinada pessoa, você sente mais prazer com o sexo oral, por exemplo. Em outros momentos, pode ser que sinta mais prazer com a penetração – e nem ligue para o tal sexo oral. O que determina a preferência por essa ou aquela prática, ou por essa ou aquela carícia? Uma série de fatores, incluindo suas fantasias, seus desejos, a forma como você se relaciona com o próprio corpo, o jeito como a pessoa que está ao seu lado se comporta, entre outras questões.

169 *E por que é que muita gente não sente prazer (muito menos orgasmo) com a penetração?*

Essa queixa de dificilmente sentir prazer com a penetração é algo que ocorre com outras garotas e com muitas mulheres também. E aqui também as razões são infinitas: 1. às vezes você não relaxa o suficiente para que a penetração ocorra sem incômodo nem dor; 2. talvez você esteja começando a penetração na hora errada (o ideal é só quando estiver excitada e lubrificada); 3. talvez simplesmente não se excite com essa prática etc. Você é quem terá de descobrir o que a leva a não curtir a penetração. Mas pense nisso: cada pessoa funciona de um jeito. Se o seu jeito for, por exemplo, ter um superprazer com toques no clitóris e não com a penetração, qual o problema? Uma boa dica seria: pare de se preocupar e invista no que lhe dá prazer!

170 *Quantos movimentos são necessários para que uma menina chegue ao orgasmo com a penetração?*

É impossível dizer isso ao certo. Não há um número ideal de movimentos. Cada menina é uma menina e cada dia é um dia. Ou seja, depende do nível de excitação da pessoa naquele momento, entre outras coisas. Uma coisa é certa: quanto mais estimulada ela for antes da penetração, mais prazer sentirá. Como conseqüência, o orgasmo virá mais rápido. E também será mais intenso. Ou seja, a dica é: não comece a relação sexual logo com a penetração. Antes, passe um tempo maior com outras carícias, além de muitos beijos, abraços e amassos. Com esse pré-aquecimento bem-feito, o prazer só tem a ganhar.

AS CURIOSIDADES DOS MENINOS

Estas são as principais dúvidas deles.
(Mas as meninas deveriam ler isto também!)

171 *Gosto de abraçar, beijar muito, entre outras coisas mais. Mas ela não demonstra muito se está gostando ou não. Nem se teve orgasmo. O que devo fazer para ela agir diferente?*

Você já ouviu falar em timidez? Ou em vergonha de demonstrar que está sentindo prazer? Isso ocorre com muuuuuuitas meninas. Não só com elas, mas também com meninos e até com homens e mulheres maduros. Sexo é algo que mexe muito com a gente – e não apenas com o fato de sentir ou não prazer. Envolve valores, questões emocionais, educação sexual e muito mais: expectativas, desejos, crenças, amadurecimento, jeito de ser e de enxergar o mundo. Parece complicado, né? Mas a gente aprende, aos poucos, a lidar com tudo isso. Só é preciso um pouco de paciência. A dica é: que tal ir devagar? Não adianta a gente ficar o tempo todo cobrando atitudes de quem está ao nosso lado. Isso pode não ser muito bacana. Outra sugestão: que tal tentar conversar com ela sobre desejos e expectativas de um jeito bem descontraído, com atenção e carinho? Essa é uma forma de começar a se conhecer melhor. Vale a pena vencer a inibição e bater um bom papo (o que pode ser muito estimulante para os dois). Sexo é um eterno exercício de descoberta de si mesmo e da outra pessoa. A gente deve sempre procurar se perceber melhor – e ao outro também. Assim, fica tudo bem mais interessante!

172 *Existe alguma coisa que saia do corpo dela pela vagina e que realmente confirme que ela gozou de verdade?*

Antes de tudo, é bom que a gente entenda que ejacular e chegar ao orgasmo são coisas diferentes. Na maioria dos homens, a ejaculação e o orgasmo costumam vir ao mesmo tempo. Mas há casos em que o homem atinge o clímax sem ejacular. Sobre as mulheres, em geral não há nada que "saia do corpo dela" e que comprove que ela chegou lá. Entretanto, vale saber que há uma polêmica em torno da seguinte questão: a ejaculação feminina. Para a maioria dos sexólogos, mulher não ejacula: o que pode ocorrer é, durante o orgasmo, ela liberar um pouco mais do lubrificante vaginal que é produzido naturalmente pelo corpo feminino. E isso não seria uma ejaculação feminina, mas apenas a liberação desse líquido lubrificante. Porém, a controvérsia está no fato de uma parcela de especialistas acreditar que mulher ejacula, sim.

173 *Ouvi dizer que tem menina que finge que teve orgasmo. Será? Não dá mesmo para perceber que é mentira?*

Pois é. Se a garota quiser fingir o orgasmo (e nem precisa ser assim tão boa atriz), você nem vai ficar sabendo se ela chegou ao clímax mesmo ou não. Só tem um detalhe (e essa é uma dica para as meninas): fingir não é nada legal. Quem faz isso sai insatisfeita da cama e acaba se distanciando de um dos principais motivos para estar ali, fazendo sexo: a busca não só do prazer do outro, mas também do próprio prazer.

174 *Eu queria saber o verdadeiro porquê de a minha namorada não conseguir gozar e muito menos chegar ao orgasmo. Ela tem 19 anos e é pouco experiente.*

Gozar e chegar ao orgasmo são sinônimos. Talvez o que você esteja querendo dizer é que sua namorada não sente muito prazer nem chega ao orgasmo. Seja qual for a história, o que dá para dizer aqui é que isso é comum nessa fase de iniciação sexual. As primeiras relações funcionam meio que como um período de descoberta. Ninguém nasce sabendo exatamente como chegar ao orgasmo. Pode ser que isso ocorra naturalmente, sem a menina nem se dar conta. Há quem tenha chegado ao orgasmo, por exemplo, durante um amasso, sem penetração nem nada, de roupa mesmo, só pela posição em que os corpos estavam se movimentando. Mas há também quem nunca tenha experimentado essa sensação de clímax. O que dá para fazer? O primeiro passo é saber que isso pode ocorrer com qualquer pessoa. O segundo pode ser tentar descobrir, sem pressa, o melhor jeito de sentir muito prazer.

175 *Já tive quatro namoradas e sempre me dei bem com elas. Mas a atual diz ser sempre assim (nunca chega ao orgasmo) e que não sabe o porquê. O que ela ou eu devemos fazer?*

Chegar ao orgasmo costuma ser mais fácil quando vocês escolhem um local tranqüilo, fazem tudo sem pressa e se "aquecem" antes. Como? Namorando, ficando junto, se curtindo. E sem grandes preocupações em obter o tal do orgasmo no final! Ou seja, melhor do que buscar um conjunto de técnicas é deixar as coisas acontecerem num clima gostoso, de bastante envolvimento e espontaneidade.

EREÇÃO E EJACULAÇÃO

Capítulo **6**

Vivemos esperando
o dia em que seremos melhores.
Melhores no amor,
melhores na dor,
melhores em tudo...

Jota Quest, em "Dias Melhores".

Ansiedade é coisa que todo mundo tem. Mas, quando se trata das primeiras experiências sexuais (ou segundas, ou terceiras, ou décimas), a coisa pode aumentar um pouco e causar estrago: dificuldade de controlar a ejaculação, dificuldade de ter ereção etc. etc. etc. E aí? Fazer o quê? Que tal entender que isso pode acontecer com TODO mundo e encarar numa boa? Confira algumas preocupações, angústias e dúvidas da galera e veja que ninguém está sozinho nessa história!

AS ENCANAÇÕES DOS MENINOS

Estas são as principais dúvidas deles.
(Mas as meninas deveriam ler isto também!)

176 *Em que idade o garoto ejacula pela primeira vez? É normal com 13 anos nunca ter ejaculado?*

Se ainda não aconteceu, está quase para ocorrer. É mais ou menos nessa faixa etária que ocorre a primeira ejaculação (às vezes um pouco antes, em outros casos um pouco depois). E a primeira ejaculação talvez ocorra assim, meio de repente, sem mais nem menos. Talvez até durante o sono. Não se preocupe, isso é normal. Mas, se você está encanado com alguma coisa, aí vai uma dica: sempre que a gente quer saber mais sobre o desenvolvimento do próprio corpo e a saúde sexual, vale a pena visitar um médico (para os meninos, o urologista). Assim, é possível esclarecer diversas dúvidas de uma só vez... e voltar para casa informado e bem mais tranqüilo!

177 *Tenho ejaculação precoce. O que fazer de imediato para não ser tão rápido?*

De imediato, nada. Você precisa controlar essa vontade de resolver tudo rápido, para ontem. A ansiedade em relação à vida, ao mundo e a tudo o mais acaba influindo também na parte sexual, sabia? Ansiedade é a principal causa da ejaculação precoce. Podemos dizer que a ansiedade é a inimiga número 1 da capacidade de controlar a ejaculação. Funciona assim: se o garoto ficar tenso e ansioso, o corpo dele vai reagir bem rapidinho, provocando a ejaculação rápida. Não há remédio que dê jeito. A solução é controlar esse sentimento. E isso você só vai conseguir fazer com muuuuuita calma. Muitas vezes o garoto fica tão excitado, tão empolgado e tão ansioso, que acaba não conseguindo controlar a ejaculação. Isso é comum na fase da adolescência. Afinal, sexo é uma experiência maravilhosa, e você começou a descobri-la quase agora, não é? Então, está excitadíssimo com essa novidade. E ansioso para que tudo dê certo. Não se sinta o último dos garotos por causa disso. É natural enfrentar uma dificuldade ou outra. A boa notícia é que dá para virar o jogo a seu favor. Ler sobre isso (como você está fazendo agora) já é o primeiro passo.

178 *O que provoca essa ansiedade toda na hora da ejaculação?*

A ansiedade pode ser provocada por inúmeras razões. Uma delas: o garoto está encanado com a ereção e quer "acabar rápido" para que consiga manter o pênis ereto até o final. Essa encucação é uma grande bobagem: você VAI conseguir que tudo corra bem até o fim da relação. Tenha essa certeza! Outro motivo: o menino está preocupado com as reações da menina, com pensamentos do tipo "O que será que ela vai achar de mim?", "Será que vou me sair bem?". Estes pensamentos são péssimos para a hora H. Tente descobrir as causas da sua ansiedade. Isso já é metade do caminho!

179 *Como eu faço para acabar com a ansiedade?*

Isso não acaba. Ansiedade é coisa que faz parte da vida das pessoas. Garotos e garotas ficam ansiosos por causa de provas, amigos, namoros, mudanças no corpo e uma infinidade de outras questões. O sexo não poderia ficar de fora desse quadro, ainda mais quando a gente está começando a descobrir como é que se faz. É novo, é prazeroso, é divertido. Mas, também, é algo que envolve preocupações com o bom desempenho, as doenças sexualmente transmissíveis e a gravidez fora de hora. Ao juntar tudo isso num mesmo pacote, a ansiedade aumenta. E algumas dificuldades, como a de controlar a ejaculação, podem surgir. O interessante é lembrar que tanto o garoto quanto a garota estão no mesmo barco. Ambos experimentam as primeiras relações sexuais e os mesmos problemas de ansiedade e angústia. Ao perceber que o outro está com os mesmos medos e com as mesmas dificuldades, fica mais fácil aceitar que essas coisas acontecem não só com você, mas com todas as pessoas. E que dá para virar esse jogo: com calma, tranqüilidade e apoio mútuo!

180 *Que história é essa de exercício para aprender a controlar a ejaculação? Existe mesmo?*

Até tem. Vamos lá: depois de investigar o que pode estar causando toda essa ansiedade (que, em geral, é a causa da ejaculação rápida), o próximo passo pode ser ir para a prática, mas sozinho. Os terapeutas sexuais recomendam um exercício de masturbação para aprender a segurar a ejaculação. É assim: na hora em que você sentir que está próximo de ejacular, pare a masturbação. Respire, pense em outra coisa. Mas não continue. Só recomece a masturbação quando sentir as coisas sob controle. Pare de novo antes de ejacular. Repita esse processo algumas vezes. Esse pode ser um começo para ir se conhecendo melhor.

181 *Existe algum remédio ou tratamento? O que fazer para que eu consiga prolongar esse tempo e fazer com que ela sinta prazer também?*

Existe tratamento, sim. Ele pode ser feito com um psicólogo e sem a necessidade de utilização de remédios. Como é que é? Essa dificuldade para segurar um pouco a ejaculação e o orgasmo tem a ver com a ansiedade, como venho dizendo nas questões anteriores. Um psicólogo pode ajudar a entender melhor esse processo e a encontrar maneiras de lidar com essa ansiedade. Que tal experimentar?

182 *Como posso segurar minha ejaculação para suportar vários orgasmos dela? Alguma sugestão?*

Será que você não está se exigindo demais? Por que é que você precisa agüentar até a mulher ter váááááários orgasmos numa mesma transa? Precisa mesmo de tudo isso? Numa relação sexual, não é só o orgasmo que conta, apesar de a gente viver querendo chegar lá. Mas, antes disso, tem muita coisa gostosa: beijar, abraçar, acariciar, estar junto. Ficar se preocupando APENAS com o orgasmo (e, no seu caso, com os vááááááários orgasmos) talvez seja uma maneira muito limitada de enxergar o envolvimento sexual. A minha dica para você seria tentar investir um pouco mais no caminho até esse clímax, e não só no clímax em si. Como é que você vai fazer isso? Descobrindo jeitos interessantes de dar e de receber prazer. Ou seja, experimentando. E não se cobrando demais!

183 *Queria demorar muito, como nos filmes. Como é que faz para ficar mais resistente?*

Não dá para querer copiar filme erótico, sabia? Isso é muito difícil! Adivinha por quê? Porque é filme e não realidade! As cenas são gravadas, editadas, inventadas, gravadas de novo, interrompidas, refeitas. Ou seja, o que aparece na tela não é como a vida real, que tem uma seqüência com começo, meio e fim. No cinema, essa seqüência é fruto de uma montagem, uma criação. Na vida real, tudo é bem diferente.

184 *Acho que ejaculo pouco: não saem jatos com grandes quantidades como muita gente fala. Qual seria a quantidade normal?*

Relaxe que não tem nada de errado com você, não! Em geral, a maioria dos homens não ejacula em forma de jatos que chegam beeeeeeeeem longe. Isso é coisa de filme pornô. Na vida real, é bem diferente. Os homens costumam ejacular o equivalente a uma colher de chá de esperma. Parece pouco? Mas não é não!!! É mais do que o suficiente para engravidar a mulher. Outra coisa: se você tem duas, três ou mais ejaculações seguidas, a quantidade de esperma diminui a cada vez. Isso ocorre porque o reservatório vai esvaziando... e é preciso um tempinho maior para que ele volte ao nível de sempre. A dica é: pare de ficar encanado com bobagens. E deixe a ficção pra lá! Filme é filme, vida real é outra coisa. Desencane. Afinal, a quantidade de esperma não interfere em nada no seu prazer, não é mesmo?

185 *Tenho que usar camisinha mesmo se tiver ejaculação rápida?*

Clarooooooooo que sim!!!! Não vale esquecer dela, hein? A ejaculação deve ocorrer dentro do preservativo. Isso é fundamental para evitar as DST (doenças sexualmente transmissíveis) e, claro, a gravidez fora de hora.

186 *Adulto também tem ejaculação rápida??*

Adulto também tem, sim. De acordo com diversos estudos nacionais, 60% a 70% dos jovens apresentam ejaculação precoce. E cresce o número de adultos com dificuldades para controlar a ejaculação: hoje já está em torno de 25% a 35%. Vi esse estudo sendo abordado no 10º Congresso Mundial da ISSIR (International Society for Sexual and Impotence Research, uma sociedade internacional que estuda a sexualidade), que foi realizado em Montreal, no Canadá. Detalhe: se a gente aprende a se conhecer melhor desde o começo da vida sexual, fica muito mais fácil lidar com qualquer dificuldade mais tarde!

187 *É normal o garoto ejacular de noite, durante o sono, mesmo sem querer?*

É sim. Isso tem até nome: chama-se polução noturna, e acontece com freqüência na adolescência, sem que o garoto consiga controlar. É supernormal. Homens adultos, em alguns casos, também costumam ter. É como uma "válvula de escape" para o desejo sexual (e o esperma) acumulado do rapaz.

188 *É normal que, logo depois da relação, eu perca o interesse no sexo? Queria ter vontade para muito mais... Será que dá?*

Isso é perfeitamente normal. Após a ejaculação e o orgasmo, o corpo masculino entra numa fase que os especialistas chamam de refratária: é um período em que seu corpo não responde aos estímulos eróticos. Ou seja, após o orgasmo, o corpo masculino (e o feminino também) dá um tempo e entra numa etapa de profundo relaxamento. Nesses momentos, não adianta querer que o pique volte a todo custo. É normal que o corpo fique meio "amortecido". A duração dessa fase varia de homem para homem e oscila também de acordo com a idade: quanto mais novo, mais rapidamente o corpo estará "acordado" para uma próxima transa. No adulto, o período refratário dura em torno de 30 minutos a uma hora, mas pode chegar a mais tempo. No adolescente, esse tempo pode cair para 15 minutos ou mais. Mas isso varia MUITO de pessoa para pessoa. Quanto ao seu desejo de "ter vontade para muito mais", a dica é: que tal caprichar mais na primeira transa? Procure passar mais tempo sentindo prazer e proporcionando-o à parceira. Divirta-se mais, faça sem pressa. Enfim, invista mais no momento. Isso pode ser uma excelente opção para tudo ser mais prazeroso!

189 *Sinto uma dorzinha na hora em que fico excitado. Tem vez que é até meio forte. Isso é assim mesmo? Ou tenho problemas?*

Sempre que você sentir alguma dor no pênis, testículos, ânus ou em qualquer outra região, a dica é procurar o médico (urologista). Doer nunca deve ser encarado como algo normal. Pode não ser nada de preocupante, claro. Mas também pode ser um sinal de alerta para algo que esteja ocorrendo com o seu corpo. Por exemplo: esse incômodo talvez sinalize o início de um processo inflamatório em alguma área dos genitais. Só o médico poderá dizer ao certo do que se trata. Não fique inibido ou com preguiça de procurar um especialista. A gente deve estar sempre de olho na saúde sexual. Afinal, dor não combina com bem-estar nem prazer, não é verdade?

190 *Eu me masturbo uma ou duas vezes por noite, mas se tenho uma ereção de madrugada, meu pênis dói muito. Isso é normal?*

Pra começar, vale lembrar: doer nunca deve ser encarado como algo natural. É preciso ficar sempre atento a qualquer tipo de incômodo e ir ao médico (urologista ou clínico geral) para descobrir se há algo de errado que possa estar causando essa dor. Sobre ereções noturnas, sabia que todo homem tem várias, toda noite? Elas ocorrem por uma razão simples: é um mecanismo do corpo masculino para garantir a saúde dos genitais (ou seja, nem sempre tem a ver com algo erótico). Sobre a masturbação, relaxe: tocar o próprio corpo (e sentir prazer com isso) é algo saudável que não faz nenhum mal. Você pode continuar curtindo esse prazer, sem medo nem culpa. Aliás, de um jeito despreocupado, tudo fica muito mais gostoso.

191 *Sempre que beijo uma menina de um jeito muito apaixonado, tenho uma ereção. O que eu faço contra isso?*

Situação complicada, não é? Mas... pode acontecer com todo mundo! É assim mesmo, sabia? Quando se está começando a viver experiências eróticas, a ereção surge rapidamente, mesmo. É uma reação natural do corpo do menino a um estímulo de prazer. Isso é perfeitamente normal. Como lidar, então, com a questão? A primeira coisa a fazer é entender que pode acontecer com qualquer garoto (e a menina costuma saber disso). O próximo passo é relaxar e deixar as coisas ocorrerem naturalmente. Claro que tem hora que dá a maior vontade de disfarçar a tal da ereção. Se você conseguir disfarçar, bom para você! Porém, na maioria das vezes, isso é meio difícil. Então, a dica é: entenda que é uma reação natural do seu corpo.

192 *A ereção vem sempre rápido quando estou com a minha namorada. Fico com vergonha, porque fica muito esquisito. Dá para controlar isso?*

É difícil controlar a excitação e, muitas vezes, quando o menino não está esperando, rola rapidamente uma ereção. Isso acontece com todo garoto e não tem muito jeito de evitar (e às vezes nem de disfarçar). Ainda mais se o clima está quente entre você e a menina... A ereção é uma resposta natural do corpo masculino durante o envolvimento erótico. Acontece assim: algo estimula o garoto (um toque, um beijo, uma visão estimulante) e ele sente desejo. Em seguida, e rapidamente, várias transformações ocorrem no corpo dele, como o aumento dos batimentos cardíacos, do suor, da pressão sanguínea etc. E ocorre também a ereção, uma resposta natural do corpo durante essa fase de excitação. Se o clima continua esquentando, a próxima fase é a do orgasmo, que em geral vem junto com a ejaculação. A última etapa é um momento em que dá vontade de descansar: é a fase chamada de resolução, em que o corpo volta ao ritmo em que estava antes de sentir todo esse desejo sexual e essa excitação, e o garoto tem uma sensação gostosa de relaxamento. Esse é o jeito normal de todo homem funcionar. Com a mulher, é bem semelhante: ela também passa pelas fases de desejo, excitação, orgasmo e resolução, porém com as particularidades do corpo feminino. Portanto, não encane com as reações naturais do seu corpo. Para evitar ereção em momentos em que você não quer que ela ocorra, só mesmo tentando desviar a atenção para algo que não desperte seu desejo sexual.

193 *Falhei pela primeira vez na vida!!! E agora?*

Ai, que complicado! Mas isso acontece, sabia? E se for uma vez ou outra, não precisa se preocupar. Acontece com qualquer pessoa!

194 *Parece que meu pênis enfraquece logo. Por quê?*

Enfraquece como??? Tipo super-homem diante da criptonita? Isso não acontece na vida real, não. Agora, se estamos falando de ele ficar flácido, aí é outra história. O menino, quando está muito tenso ou encanado com alguma coisa, acaba complicando toda a situação. Funciona assim: na hora do amasso, se ele fica muito preocupado, seu corpo acaba liberando uma grande dose de adrenalina e... o pênis amolece. A dica é: procure relaxar. E entender que não precisa ficar ansioso em relação ao sexo. Afinal, você e sua namorada estão apenas começando, não é mesmo? Ainda têm muito para experimentar, descobrir, curtir... Deixe as encanações de lado e apenas sinta o prazer. Só um lembrete: use camisinha, hein? Sexo seguro é fundamental. Lembrete 2: treine em casa a melhor maneira de colocar a dita-cuja, para que isso não o deixe mais ansioso ainda na hora H.

195 *Não sei se o meu problema é ereção fraca ou nervosismo. Tenho problemas com ereção e não consigo controlar!*

Nervosismo atrapalha, sim! E muito!!! Quanto mais nervoso você fica, mais difícil é conseguir ter ou manter a ereção. Isso porque as preocupações que rondam a cabeça durante a transa acabam fazendo com que o corpo produza algumas substâncias que interferem em todo o mecanismo da ereção, deixando o pênis flácido.

196 *Fazer o que nesse caso?*

Relaxar. Desencanar. Deixar rolar. É normal a gente ficar nervoso de vez em quando, ainda mais nas primeiras experiências sexuais. Isso ocorre com muitos garotos – e até com homens adultos. O ideal é tentar encarar o sexo como uma troca de sensações gostosas, não como um compromisso a ser cumprido, por exemplo. Na hora H, ficar pensando "Tenho que ter ereção" só atrapalha. A dica é: invista nos toques, na troca de carícias, nos beijos na boca... Ou seja, concentre-se nas sensações de prazer. Assim, a ereção será uma conseqüência!

197 *Quando damos amassos fortes, fico com tesão, mas meu pênis não fica todo ereto (acho que fica até flácido demais, às vezes). O que será?*

Muita preocupação na cabeça, ansiedade, tensões das mais variadas e tudo o mais que pode vir a torturar você na hora H podem atrapalhar a brincadeira e deixar o pênis flácido. Uma forma de tentar lidar com isso é procurar não se cobrar tanto, nem se preocupar demais com o amasso ou com o que vai acontecer em seguida. Ou seja, mesmo que pareça difícil (e muitas vezes é difícil mesmo), vale a pena tentar relaxar e deixar as coisas rolarem naturalmente. Se você acha que precisa de uma ajuda a mais para conseguir ficar menos ansioso, uma boa dica pode ser visitar um psicoterapeuta. O profissional pode dar dicas bem interessantes e ajudá-lo a descobrir maneiras de lidar melhor com a situação. Vale lembrar: deixar rolar de um jeito relaxado e tranqüilo não significa riscar a camisinha da brincadeira, não, viu? É preciso usar preservativo, sempre! Essa é a única maneira de fazer sexo sem o risco de contrair alguma doença sexualmente transmissível.

198 *Outro dia, quando fui ver, já estava com o pênis totalmente mole, não sei se por muito tesão (eu gozei sem perceber) ou sei lá o que pode ter acontecido. Só sei que não sabia mais o que fazer diante daquela situação! O que será?*

Muitas coisas podem ter ocorrido, porém todas elas têm algo em comum: ocorrem com muuuita gente. De vez em quando, isso acontece. E daí? Não é para se desesperar... Vamos entender o que rolou por partes: 1. Se você ejaculou: o pênis acaba perdendo mesmo a ereção. Isso é uma reação normal do corpo masculino após a ejaculação. Funciona assim e ponto. Não há o que mudar nessa história (nem se encanar demais!). Além disso, vale saber: essa ejaculação super-rápida, em geral, ocorre por conta da ansiedade, muito comum nas experiências sexuais da adolescência. 2. Se você não ejaculou: talvez o que tenha ocorrido seja um excesso de ansiedade (aí vem ela outra vez complicando as coisas!). Quando o menino fica ansioso, há uma descarga de adrenalina no corpo, e isso atrapalha o mecanismo da ereção, deixando o pênis flácido. Vale repetir: é assim com todo mundo! Ou seja, a dica é: não se preocupe em excesso com o que já rolou. Vale mais a pena desencanar, tentar lidar da melhor maneira possível com a ansiedade e partir para a próxima – sem medo, sem cobranças internas, sem preocupação!

199 *Um amigo meu quer experimentar só de farra esses remédios que existem por aí para ter mais ereção. Tudo bem ele usar?*

Tomar um remédio, por mais simples que ele seja, quando não há necessidade, não é uma decisão muito esperta. Ele está com alguma dificuldade para manter o pênis ereto? Se a resposta é não, então para que ingerir um remédio? Essa história de querer experimentar só de farra, ou para turbinar o sexo, é, na verdade, uma grande bobagem. Se o homem não tem problema de ereção, há maneiras muito mais interessantes e prazerosas de turbinar a transa do que com um medicamento. As dicas são várias: escolher lugares diferentes para transar, incluir carícias novas ao amasso, fazer uma massagem relaxante, além de experimentar novos jeitos de beijar na boca, de fazer sexo oral... e muito mais! Ou seja: usar a criatividade é bem mais bacana (e afrodisíaco) do que ingerir remédios sem a mínima necessidade.

AS ENCANAÇÕES DAS MENINAS

Estas são as principais dúvidas delas.
(Mas os meninos deveriam ler isto também!)

200 *Perda de ereção é problema de quem???*

Antes de começar a responder a essa questão, quero mostrar um e-mail que o Ricardo (nome trocado para preservar a identidade dele) me enviou pedindo ajuda e orientações. Olha só: "Gostaria da sua opinião a respeito de um problema pelo qual estou passando. Tenho 19 anos e comecei a namorar uma menina há pouco tempo. O problema é que quando fomos ter relações, eu não consegui manter minha ereção. Isso já aconteceu mais de uma vez e me deixou cada vez mais nervoso. Acho que fico ansioso porque ela pensa que a culpa é dela ou que eu não gosto dela, eu me sinto forçado a mostrar a ela que não é isso e me cobro um sucesso que acaba não acontecendo. Acho que ela pensa que eu não sinto atração por ela, mas eu sinto. Só não entendo o que acontece comigo na hora, é como se a tensão acabasse com minha vontade; e quando eu noto que isso está acontecendo fico mais nervoso ainda e aí só piora as coisas. Ultimamente, acho que ando tendo algumas crises de ansiedade, e essa situação dá uma angústia terrível. Fico pensando se ela vai querer terminar o namoro e mais um monte de coisas que eu acho que são sintomas de ansiedade. Eu não costumava ter isso, mas agora..." Tudo isso que o Ricardo contou para a gente ele poderia ter dito para a namorada. Ao falar com ela, ele dividiria o peso dessa história e daria um primeiro passo para superá-la. Mas não é fácil lidar com problemas desse tipo. Muito menos contar para alguém, em especial para quem a gente adoraria que não percebesse nada de errado. E não tem nada a ver essa história de "de quem é a culpa". Simplesmente acontece. Falhar uma vez ou outra é normal. Acontece com todo mundo: homens às vezes têm problemas com a ereção e a ejaculação, mulheres com o orgasmo e a penetração. Claro que é preciso ficar de olho nessas dificuldades. Mas encanar só porque aconteceu uma ou duas vezes não ajuda em nada. Pelo contrário: faz com que algo que era normal (falhar de vez em quando) se torne de fato um problemão (depois que a pessoa encana, começa a falhar sempre).

201 *Algum tipo de estresse atrapalha?*

Claro que sim! E muito! Sabe o Ricardo (nome trocado para preservar a identidade dele), aquele sobre o qual falamos na questão anterior? Olha só a continuação do e-mail que ele enviou. Ele disse: "Confesso que ultimamente também estou um pouco estressado por outros motivos, tipo escola, vestibular e tudo o mais, mas essa angústia em que eu fico por causa das minhas falhadas (e o que eu fico pensando depois) está acabando comigo. Também tem outra: agora fico encanado com qualquer coisa. Acho que está tudo errado comigo, com meu corpo, sei lá." Ou seja, está virando uma bola de neve, um problemão. O Ricardo está preocupado com o vestibular, está preocupado com o sexo, está preocupado com a namorada, está preocupado com isso, com aquilo... Ou seja, está cheio de encucações e se sentindo todo "errado". Isso pode acontecer com qualquer um. Para sair dessa, há várias alternativas, que vão desde parar um pouco para pensar, olhar para dentro de si, olhar ao redor e ver que a história não é tão baixo astral quanto parece, até desabafar com alguém e buscar a ajuda de um especialista (bater um papo com um psicólogo pode ajudar muuuuito).

202 *Tem alguma coisa a ver com virgindade? Se ele for virgem, dá problema na primeira vez?*

Quem sabe? Pode ser que sim, pode ser que não. Não há regra. Cada um é de um jeito!

203 *E se eu for virgem? Ele pode ficar meio sem saber o que fazer, ou eu demorar demais, e aí dar tudo errado, tipo ele falhar?*

De novo: quem sabe? Talvez nada disso ocorra. Ou talvez algo saia fora do planejado. A dica é: não adianta ficar planejando demais! Melhor deixar as coisas acontecerem espontaneamente. Se sair algo errado (como eu já disse em capítulos anteriores, e vale repetir), tudo bem! Isso acontece... E o segredo, nessas horas, sabe qual é? Encarar com bom humor (eu não me canso de repetir: bom humor é a melhor dica para lidar com qualquer saia-justa)!

204 *Dancei para ele e fiz um strip. Mas ele ficou todo sem jeito e falhou! O que aconteceu?*

Calma que não há nada de errado com você, não. Ele também não perdeu o desejo por você. Senão, o começo da noite não teria sido bom, não é? O que aconteceu é que você realmente o surpreendeu. E toda surpresa pode surtir reações igualmente inesperadas. Foi exatamente o que ocorreu. Em alguns casos, o fator surpresa faz com que eles se sintam um pouco ansiosos com a situação e... percam a ereção. Chato, né? Mas isso acontece, às vezes. E não significa que ele gosta ou não de você, viu? Nessas horas, o melhor é ninguém ficar encanado com o que rolou. Levar na brincadeira, deixar para lá e, quem sabe, tentar uma nova transa mais tarde é a melhor saída.

205 *E o que eu faço se acontecer um mico desses?*

Saiba que mico todo mundo paga. E muitos! Ser solidária pode ser uma boa opção. Isso inclui: 1. não fazer piada nem sair criticando; 2. encarar numa boa e tentar deixar o clima o mais descontraído possível. Que tal?

206 *Toda vez que tenho relação com meu namorado, o líquido que ejaculamos vaza tudo e preciso me limpar, pois se levanto, escorre na minha perna. Tenho problema?*

De jeito nenhum!!! Você não tem problema, não. É assim mesmo. Porém, vamos entender melhor o que acontece por partes: pra começar, vale dizer que, segundo muitos sexólogos, mulher não ejacula. Tudo não passa de sua lubrificação vaginal natural. Na fase da excitação, o corpo de algumas mulheres produz o tal lubrificante em maior quantidade, outras, em menor. Na hora do orgasmo, as contrações que ocorrem na vagina, muitas vezes, fazem com que esse líquido seja expelido, ficando a sensação de que ocorreu uma ejaculação. Mas não houve!!! Já o parceiro, esse, sim, ejacula. E para onde vai todo aquele sêmen? Uma parte é absorvida pelo corpo da mulher, mas resta uma boa dose que... escorre! Ou seja, o que tem acontecido com vocês é absolutamente normal. Só um detalhe: e a camisinha, hein? Não está nos seus planos? Ela é importantíssima para uma relação sexual saudável, sem riscos de contrair as DST espalhadas por aí. Que tal usá-la sempre? Pode ser uma boa alternativa, inclusive, para reter o esperma e evitar o incômodo que você está relatando. Lembre-se: sexo é para ser superbacana, em todos os momentos!!! O que inclui garantir a saúde sexual com o uso de preservativo, para evitar o risco de surpresas desagradáveis mais tarde.

207 *Muitos garotos sofrem de ejaculação rápida?*

Ejaculação rápida ou precoce é uma coisa que incomoda muuuuita gente. Sabe o que mais? Acontece mesmo. Não tem jeito: se o menino ficar ansioso ou tenso por se tratar das primeiras vezes (ou por ser o primeiro encontro com aquela menina), aí não dá muito para segurar. O resultado? Ejaculação em questão de minutos (ou segundos).

208 *Quando ele crescer, passa?*

Pode ser que, com o tempo, ele vá se conhecendo melhor e melhor e aprenda a controlar a ejaculação. Vale lembrar:

todo mundo fica muito ansioso nas primeiras experiências sexuais e isso pode levar à ejaculação rápida, entre outros problemas.

209 *E o que a menina pode fazer nessas horas?*

O ideal é encarar numa boa e entender que isso acontece mesmo, ainda mais na adolescência. A dica é: que tal descobrirem, juntos, uma maneira de curtir um pouco mais?

MASTURBAÇÃO E OUTRAS PRÁTICAS

Capítulo **7**

Hoje preciso de você
com qualquer humor,
com qualquer sorriso.
Hoje só tua presença
vai me deixar feliz...
Só hoje!

Jota Quest, em "Só Hoje".

Chegou a hora tão esperada de abrir (mais) o jogo: como é que é essa história de sexo mesmo? Jovens como você têm muuuuitas dúvidas sobre masturbação, penetração, sexo oral, sexo anal etc. (detalhe: os adultos também têm). Que tal tentar esclarecer algumas delas agora?

AS CURIOSIDADES DOS MENINOS

Estas são as principais dúvidas deles.
(Mas as meninas deveriam ler isto também!)

210 *Masturbar-se muito pode provocar pedras nos mamilos?*

Claro que não!!! Onde foi que você ouviu essa besteira??? Não causa pedra nos mamilos, nem faz crescer pêlos nas mãos, nem prejudica a saúde, nem enfraquece a pessoa, nem vicia... Naaaaaaaada disso! Todos esses mitos fazem parte de uma educação sexual repressora que foi superdifundida no século XVIII. A história é a seguinte: em 1758, um médico europeu renomado, o Dr. Tissot, lançou obras e mais obras pregando os malefícios da masturbação. O médico dizia que as pessoas adoeciam, ficavam malucas e poderiam até chegar à morte. Coisa de maluco, você não acha? Pois é. Mas muita gente acreditou, inclusive a classe científica da época. E aí surgiu uma verdadeira caça à masturbação. Foi só no finalzinho do século XIX que as coisas começaram a mudar de figura. Grandes nomes da ciência descobriram que aquelas idéias não passavam de crenças pra lá de equivocadas. Hoje os estudiosos são unânimes em afirmar: masturbação não faz mal à saúde, de forma alguma. Pelo contrário: é supersaudável, ajuda a gente a perceber melhor o próprio corpo e a descobrir o caminho para o orgasmo e o prazer. Claro que ninguém é obrigado a se masturbar, né? Faz quem quer. Aliás, quando o assunto é sexo, vale sempre repetir: a gente só deve fazer o que estiver realmente a fim. Assim é muito mais bacana!

211 *A masturbação provoca acne no rosto? Tenho algumas espinhas e me masturbo com freqüência. Isso pode causar algum mal a minha saúde?*

Nããããããããããão! Isso não passa de mito. Masturbar-se com freqüência não tem nada a ver com espinhas do rosto. As coisas apenas coincidem: na adolescência, é comum o aparecimento de espinhas, por questões hormonais. E também na adolescência a gente começa a descobrir os prazeres sexuais... e morre de vontade de se masturbar a toda hora. O que fazer com esse desejo todo? O que você sentir vontade: se você está a fim de se masturbar, tudo bem. Você pode fazer isso sem culpa nem encanação...

212 *Pode causar algum problema, tipo vício, pois me masturbo umas seis vezes por dia?*

Não necessariamente. Masturbação várias vezes costuma ser comum nesta fase que você está vivendo, a adolescência. Acontece que, nesse período, os garotos como você estão descobrindo a sexualidade e prazeres que alguns toques trazem. Então, nada mais natural do que experimentar, experimentar, experimentar... Você não deve ficar encanado com isso. Com o tempo, todo esse desejo acaba diminuindo e a freqüência da masturbação, idem, o que também será perfeitamente normal. Aquelas histórias de que se masturbar demais faz crescer pêlos nas mãos ou deixa os mamilos cheios de caroços não passam de lenda. Tocar o próprio corpo é saudável: ajuda o garoto a aprender a lidar com a ejaculação e a controlá-la melhor. Além disso, você pode incluir um treino na sua rotina: o jeito certo de colocar a camisinha. Sozinho, fica mais fácil descobrir a maneira certa de vestir o preservativo, sem micos (colocar do lado errado, não conseguir desenrolá-lo etc.). Sabia que quanto mais a gente treina, mais simples fica? E usar camisinha é fundamental para que sua próxima etapa – as experiências sexuais a dois – seja mesmo só alegria.

213 *Acho que comecei a me masturbar muito cedo e virou um vício. Fico superculpado por isso. Tento parar, mas não consigo. Não sei o que fazer. No futuro, posso ficar impotente?*

Saiba que não há mal algum em se masturbar, seja na adolescência ou em qualquer outra fase da vida. Não é preciso sentir culpa ou achar errado, nem ficar com a fantasia de que isso pode levar a uma dificuldade de ereção no futuro. A masturbação é uma prática saudável, segundo os sexólogos. Ainda mais num período de descoberta do corpo e da sexualidade, como o que você está vivendo na adolescência. Nessa fase, é normal sentir vontade de se masturbar a toda hora (tem gente que faz duas, três, cinco ou mais vezes por dia). E isso não significa necessariamente um vício. Costuma ser apenas uma fase de descoberta da sexualidade. Com o tempo, esse desejo vai se amenizando naturalmente (e novos prazeres talvez entrem em jogo). No passado, no século XVIII, havia uma crença de que a masturbação causava danos à saúde e outras coisas piores. Só que isso é coisa de 200 anos atrás, uma visão antiga que já foi revista por um enorme número de estudiosos, que hoje afirmam: masturbação é algo totalmente positivo! O que não é saudável é a culpa que você sente! Melhor tentar deixar a culpa pra lá!

214 *Posso usar algum tipo de produto (gel de cabelo) quando estou me masturbando?*

Muita gente usa o que tiver por perto: hidratante corporal, cuspe, gel sei lá do quê... Mas isso não costuma ser o melhor a fazer. Existem produtos específicos para tornar a masturbação (ou a penetração ou o sexo oral) muito mais excitante. São lubrificantes vendidos em farmácias, disponíveis na versão líquida ou em forma de gel, por preços bem acessíveis. Esses produtos são recomendados por médicos. Há também géis vendidos em lojas de artigos eróticos, que também são mais indicados para a masturbação. Ou para outras práticas: muitos deles têm aroma e sabor de frutas, de chocolate e de outras guloseimas, para dar um estímulo especial ao sexo oral. O melhor é a gente utilizar o produto feito para a finalidade sexual. Eles são elaborados com a consistência ideal para garantir muito mais prazer.

215 *Minha namorada tem vergonha de se masturbar. Ela está certa?*

As meninas também não precisam ficar encanadas ou com vergonha de tocar o próprio corpo. Vale dizer mais uma vez: isso é saudável. Segundo pesquisas, a gente aprende mais facilmente o caminho para o orgasmo ao procurar pontos de prazer no corpo através do próprio toque. Mas tudo tem o momento certo e cada pessoa é uma pessoa. Traduzindo: você só deve fazer o que estiver a fim. E quando estiver a fim!

216 *Minha namorada detesta sexo oral, mas eu sou louco por isso. O que eu faço para que ela passe a gostar e, assim, possamos melhorar nosso desempenho sexual?*

Pois é. Quando um não quer... você já sabe, não é? Não adianta ficar enchendo a paciência dela para o resto da vida. Se você já tentou inúmeras vezes e ela diz não, o que mais você pode fazer? Parar de ficar cobrando seria uma boa saída. Claro que sexo oral é muito gostoso (detalhe: é bom receber sexo oral e também retribuir!!!). Mas não é nada agradável a pessoa fazer o que não sente vontade. Senão a relação deixa de ser o que deveria: algo muito prazeroso. Aí perde toda a graça, você não acha? Algumas pessoas não gostam mesmo de uma prática ou outra. Nesses casos, não há o que fazer. É respeitar as preferências de cada um e ponto final. Mas... outras simplesmente não curtem determinadas carícias por vergonha, por medo ou por achar errado. Muita gente cresceu com uma educação sexual equivocada e cheia de preconceitos: acha que masturbação, sexo anal ou sexo oral é algo, digamos, não muito correto. Estão enganadas. Nada disso é errado, ou sujo, ou feio. São apenas algumas formas de buscar o prazer. Porém, só vale quando os envolvidos estão realmente a fim. A dica é: converse com a sua namorada, exponha seu ponto de vista e ouça o dela. Outra sugestão: que tal cada um respeitar o espaço do outro e, juntos, procurarem coisas que sejam bem bacanas para ambos? Assim o sexo (e o relacionamento) fica muito mais gostoso!

217 *Minha namorada adora ficar roçando a vagina no meu pênis. Quando não agüento mais, digo a ela que quero fazer a penetração. Só que ela se recusa. Por quê?*

Talvez por um motivo bem simples: não chegou a hora, para ela, de dar esse passo. A questão da penetração e do rompimento do hímen, ou seja, a tal da virgindade, é algo que mexe muito com a menina. Ela precisa estar bem certa de que chegou a hora. Senão, não é nada bacana. Quando a pessoa faz sexo com penetração sem se sentir realmente segura para isso, corre o grande risco de se frustrar. Sua namorada deve estar ponderando um pouco mais. O ideal é você compreender e dar a ela o tempo que for preciso para se decidir. Forçar a barra deve ser algo totalmente fora de cogitação. As cobranças são nocivas a qualquer relacionamento. Elas atrapalham muito! E podem fazer com que o namoro não se desenvolva como deveria. Que tal relaxar? Há diversas maneiras de sentir prazer a dois, além da penetração. Descobri-las é sempre muito excitante e prazeroso. A dica é: deixe as cobranças e as encanações de lado e use a criatividade. Você descobrirá que assim é muito mais gostoso!

218 *Minha namorada só sente prazer em uma posição, em cima de mim. E também ela demora muito. Será que tem algo a ver comigo?*

Relaxe, porque isso costuma ocorrer com algumas meninas. E sabe da melhor? É absolutamente normal. Você não precisa ficar encanado, muito menos imaginar que a culpa é sua. Trata-se apenas do estilo sexual de cada um. Algumas meninas sentem mais prazer de um jeito, outras, de outro. Em geral, a maioria se excita mais quando o clitóris é acariciado. Ou friccionado durante a transa, pelo corpo um do outro, dependendo da posição. Talvez o jeito que ela prefira fazer sexo tenha a ver com isso. Quanto a demorar um pouco para chegar ao orgasmo, é importante saber que as meninas geralmente levam mais tempo para se excitar do que os garotos. É assim por uma razão simples: o corpo masculino reage de um jeito aos toques e estímulos eróticos e o feminino, de outro. Ou seja, são características naturais dos homens e das mulheres. A dica é: capriche nos beijos, nos carinhos, nos abraços, nos amassos, no clima de sedução. Assim sua namorada vai ficar beeeeeem estimulada. E, com certeza, a relação será muito mais prazerosa e envolvente – para vocês dois!

219 *Minha namorada e eu sempre tivemos relações sexuais com muito carinho. Mas ela virou evangélica e simplesmente não quer mais... Nunca forcei a barra, mas gostaria de ter argumentos para voltar a transar com ela.*

Complicado, hein? É difícil opinar nesse caso. Ainda mais porque quando um não quer... Você já sabe, né? É você quem terá de descobrir a melhor maneira de conversar, abrir o jogo e chegar a um acordo que seja bom para os dois.

220 *Garota pode sentir prazer com sexo anal?*

Claro que pode. Pode ser uma prática prazerosa como outra qualquer. A dica número 1, nesse caso, é saber se ambos estão mesmo a fim. Se estiverem, aí é o momento de lembrar do fundamental: sexo anal sem camisinha não deve rolar, de jeito nenhum. O motivo você já sabe: camisinha é fundamental para garantir a saúde sexual. E sexo anal é, das práticas sexuais, a que oferece mais risco de contágio de doenças. Portanto: previnam-se com camisinha, SEMPRE!

221 *Qual o segredo para um sexo bem-feito, de que ambos gostem?*

Boa pergunta! Dica número 1: fazer só o que ambos estiverem a fim. Essa história de ficar pressionando ou cobrando do outro é uma furada. Outra dica: bater papo sobre sexo, para cada um tentar descobrir do que o outro mais gosta, ou menos gosta, além de quais são as fantasias, quais as encucações, qual vez foi a mais legal de todas, como foi (sem cobranças, hein?), de que jeito cada um mais gosta de ser tocado, o que seria legal incluir na rotina sexual... Enfim, fazer uma investigação erótica, de um jeito bem descontraído. Detalhe: esse bate-papo costuma ser, além de esclarecedor, muito estimulante.

222 *Quais são as melhores preliminares?*

As preliminares mais eficientes são aquelas das quais a gente mais gosta. É simples assim. Se a gente gosta de beijar muuuuuuito, por exemplo, isso já é uma preliminar. Ou se prefere dar um amasso daqueles, taí outra coisa legal de se fazer para aquecer o clima. Tem gente que já gosta de curtir sexo oral. Ou de masturbar um ao outro. Preliminar é isso: um jeito erótico, divertido e gostoso de aquecer o clima.

223 *Tudo bem contar para os amigos o que rolou de sexo?*

A Alice, de 15 anos, contou para a gente que o namorado dela foi quem divulgou a história da primeira vez dos dois para os amigos. "A gente ficou num final de semana e na segunda-feira a classe inteira da escola já sabia", disse ela. Mas a Alice também acabou revelando alguns detalhes para um grupo de cinco amigas: "Eu queria dividir isso com mais alguém", confessou. Ou seja: o casal colocou na roda uma coisa que deveria ser só deles. Claro que muita gente gosta de trocar uma idéia ou outra com uma amiga ou um amigo especial. Mas para tudo há limites, em especial sobre o que contar e para quem contar.

224 *Tudo bem a fila andar bem rápido?*

Tem garota (e garoto) achando que sexo é que nem beijinho no rosto, que se dá em um monte de gente. Na verdade, transar, assim como beijar na boca, ficar e namorar, é uma coisa que seria melhor fazer com alguém que seja muito especial. É preciso escolher bem essa pessoa. Isso já é meio caminho andado para, depois, não se frustrar, nem se arrepender.

225 *Faz algum mal fazer sexo com fimose?*

Se está doendo e incomodando, é mau, você não acha? O ideal, nesse caso, é procurar um urologista para o tratamento. É uma cirurgia simples, mas necessária em alguns casos, especialmente se for livrá-lo de algum incômodo ou dor. Resumindo: procure um urologista e verifique de perto com ele o que é melhor fazer. Quer saber mais um pouco agora? Você pode ler mais sobre isso nas páginas seguintes, no capítulo com dicas sobre o corpo do rapaz (capítulo 9).

AS CURIOSIDADES DAS MENINAS

Estas são as principais dúvidas delas.
(Mas os meninos deveriam ler isto também!)

226 *Quando me masturbo, depois de chegar ao orgasmo, me dá um sentimento de culpa. Eu me sinto muito esquisita. O que é isso?*

Isso ocorre com muita gente, infelizmente. E se deve em parte à educação sexual que recebemos: muitas vezes ouvimos que a masturbação é uma prática "feia", "suja", "errada". Ou, ainda, que "dá espinha", "faz mal à saúde", entre outras coisas. Só que nada disso é verdade. Não faz mal algum tocar o próprio corpo com o objetivo de sentir prazer. De acordo com os sexólogos, a masturbação é uma prática saudável. Ou seja, é algo que faz bem: ajuda a gente a descobrir a melhor maneira de chegar ao orgasmo, a conhecer o próprio corpo e a sentir prazer. Ou seja, você não precisa se sentir errada ou culpada de nada. Saiba que a maioria dos jovens, como você, começa a viver experiências eróticas justamente por meio da masturbação. E não há mal algum nisso.

227 *A masturbação feminina pode vir a romper o hímen?*

Depende do jeito como for feita. O hímen é uma membrana elástica que recobre a entrada da vagina. Se as carícias forem feitas em regiões como o clitóris, os lábios vaginais, entre outras áreas, não há interferência no hímen. A situação muda um pouco quando há a introdução dos dedos no canal vaginal. Nesses casos, dependendo do tipo de movimento que for feito, pode ocorrer, sim, o rompimento do hímen. Vale lembrar: o principal ponto de prazer feminino não está localizado na área do hímen. Na verdade, fica em outro local, ou melhor, fora da abertura da vagina: é o clitóris. As carícias nesse órgão são as que mais excitam a garota – e as que mais levam ao orgasmo. Ou seja, massagear o clitóris é uma das principais formas de a menina obter prazer sexual.

228 *Tenho vergonha de acariciar meus seios... O que eu faço?*

Isso é bobagem... Além disso, a gente deve se apresentar aos próprios seios, sim. Como? De tempos em tempos (não é a toda hora, não!), vale levantar um braço e, com a outra mão, apalpar toda a região. Quando a gente sente algo como uma bolinha ou coisa parecida, é o caso de marcar uma consulta com o ginecologista para que ele diga se é assim mesmo. Isso se chama exame de rotina. Menina esperta sempre faz.

229 *Fico inibida de deixar meu namorado fazer sexo oral em mim. O que eu faço?*

Você sente prazer nessa prática? Se sente, por que ficar inibida? Uma dica: monte um "kit sexo oral" com camisinhas com aroma e sabor de frutas (para usar nele) e camisinhas femininas (para usar em você), além de géis também aromatizados, à base de água, para não danificar o material das camisinhas. Assim fica, além de seguro, muito mais gostoso!

230 *Namoro há três meses e o meu namorado gosta que lhe faça sexo oral. Ele também quer fazer em mim, mas eu tenho preconceito: sinto vergonha do odor que a minha vagina possa ter. Será que devo deixar?*

Quanto às diferenças entre fazer no namorado ou receber esse tipo de estímulo erótico, vale dizer que muitas mulheres ficam inibidas mesmo quando o parceiro proporciona esse tipo de prazer. Por quê? Porque a gente tem uma série de mitos em torno da sexualidade, que incluem visões negativas, como esse preconceito em relação ao odor da vagina. Como digo sempre em palestras e aulas, vagina tem cheiro de vagina, pênis tem cheiro de pênis. Claro que a gente deve mantê-los sempre com uma boa higiene, mas não adianta ficar profundamente incomodada com o odor. Outra coisa é ir ao médico com freqüência para verificar se está tudo OK com a saúde sexual. Tendo cuidados como esses e também usando camisinha, não há com o que se incomodar. Mas a questão não é só essa... Às vezes entram outras "vergonhas" em jogo. Algumas delas: vergonha de demonstrar que sente prazer, vergonha de sentir prazer, vergonha de ser tocada desse jeito em uma área do corpo tão íntima etc. E alguns medos: medo de fazer algo errado, medo de que seja algo proibido, medo de não saber o que fazer etc. Todos esses sentimentos são comuns a muitas garotas e mulheres. No fundo, o que a gente deve levar em conta é que não há mal algum em fazer sexo oral, desde que ambos (parceiro e parceira) estejam realmente a fim. Sexo é prazer, mas também responsabilidade e maturidade. Faça escolhas, decida quais práticas e carícias são legais ou não para você e jamais dispense a camisinha (ela é fundamental nos dias de hoje). Dessa forma, você e o seu namorado só têm a ganhar!

231 *Quando eu faço sexo oral nele, ele não põe preservativo, mas também não ejacula na minha boca. Tudo bem?*

Tudo bem nada!!! O contato pênis-boca ou pênis-vagina pode, sim, transmitir DST (doenças sexualmente transmissíveis). A dica é: usem preservativo sempre! Aliás, é preciso usar camisinha (feminina) também no sexo oral na mulher.

232 *Dá para fazer sexo oral se eu estiver menstruada?*

É uma prática que depende da preferência de cada um. Mas aqui vale enfatizar MUITO: para isso é preciso usar camisinha feminina, para evitar a transmissão de doenças. Além disso, por alguns momentos, ela retém o fluxo da menstruação e permite que o sexo oral seja feito com maior comodidade. Vale repetir: contato direto com sangue (ou esperma) não é legal. Isso pode transmitir uma série de doenças sexualmente transmissíveis. Portanto, camisinha é fundamental no sexo oral, seja no homem, seja na mulher!

233 *Posso sentir prazer e transar na menstruação?*

Pode, claro. Mas a dica aqui da camisinha é imprescindível: tem que usar! Essa é a única forma de fazer sexo seguro, ou seja, sem o risco de contaminações por alguma DST (doenças sexualmente transmissíveis). Quer uma dica? Volte aos capítulos anteriores, sobre DST e gravidez, e dê mais uma boa lida! Vale a pena!

234 *Garota menstruada tem mais desejo?*

Varia de pessoa para pessoa. Durante o mês ocorre uma oscilação hormonal – e que pode influir no desejo de algumas garotas. Umas têm mais desejo antes da menstruação, outras durante e outras, depois. Há ainda quem não sinta nenhuma alteração. Ou seja, não há um padrão.

235 *A penetração vaginal dói em mim. Por quê?*

Pode ser porque você está preocupada, ansiosa ou qualquer outra coisa que faça com que não consiga relaxar. Ou talvez porque ainda não ficou excitada para a vagina se preparar para receber o pênis: o corpo da gente muda na hora H – a vagina dobra de tamanho e se lubrifica, naturalmente. Mas é preciso estar excitada o suficiente, senão isso não ocorre e a penetração pode doer. Outras hipóteses são ter alguma infecção, DST ou outro probleminha atrapalhando sua saúde genital (e o prazer). A dica, então, é investigar tudo isso: esse estado de tensão, a hora da penetração e também a saúde (que tal uma visita ao ginecologista para ver como anda a saúde de seus genitais?). Comece por aí.

236 *O que eu faço para não doer?*

Procure relaxar, encontrar uma posição mais adequada, experimentar novos jeitos de se sentir bem na hora.

237 *E tem posição mais indicada para ser mais gostoso?*

É aquela em que você se sentir mais confortável! Como descobrir? Só mesmo testando.

238 *Eu nunca fiz sexo anal, mas tenho vontade de experimentar. É nojento?*

A primeira coisa você já fez: decidir que sente vontade de experimentar. Muitas mulheres, ao contrário de você, não gostariam de fazer sexo anal, mas acabam cedendo só para agradar ao parceiro. Isso não é nada bacana: a gente deve, sim, levar em conta os nossos desejos – e não apenas os do namorado ou marido. O sexo anal é uma prática carregada de tabus. Não há por que ser sujo, errado ou nojento. Tudo depende de como o casal conduz as coisas: é fundamental usar camisinha (essa prática oferece um grande risco de contaminação por doenças sexualmente transmissíveis), além de fazer tudo com muita paciência.

239 *O que eu faço se doer muito?*

Dar um tempo, tentar de outro jeito e, caso não sinta prazer, deixar para lá. Para isso, é importante que o casal tenha cumplicidade: na hora em que um pede para parar, o outro precisa estar pronto para atender. Assim o sexo fica muito mais prazeroso!

240 *Por que não sinto muito prazer na penetração, somente nas carícias externas ao canal vaginal?*

Isso é absolutamente normal. Acontece com grande parte das mulheres. Muitas se estimulam mais quando o clitóris (que fica fora da vagina, logo acima da abertura dela) é acariciado. Uma dica muito legal: experimente tocar o clitóris durante a penetração (pode ser com a sua mão ou com a do parceiro). Assim a penetração fica muito mais prazerosa!

241 *Minha melhor amiga me contou que o namorado dela pediu pra fazer sexo anal. Ela está na maior dúvida... E se fosse comigo? Posso me machucar? Já quero me preparar. Faço ou não faço???*

Eu é que sei??? Como é que eu posso saber uma coisa dessas? Quem decide isso é você. E, no caso da sua amiga, é ela quem dá a palavra final. Nem eu, nem o namorado, nem Santo Antônio, nem ninguém pode dar a resposta pra você. Ou pra ela. Eu sei, não é fácil tomar uma decisão dessas. Ainda mais quando a gente está começando a lidar com as questões sexuais. Surgem mesmo milhões de dúvidas e medos. Fazer o quê? Pra começar, parar de querer que os outros decidam sua vida por você. E saber mais sobre o assunto também é uma boa. Aí vão algumas dicas: 1. Sexo anal é o tipo de sexo com maiores chances de transmitir vírus, bactérias e, claro, DST (doenças sexualmente transmissíveis). Portanto, você já sabe, né? Camisinha tem que usar! 2. Cá entre nós, a gente pode se machucar até mascando chiclete. De repente, morde a bochecha e... ai, que dor! O que é que isso tem a ver? Tudo. Significa que, se a gente não faz as coisas com cuidado e atenção, está sujeita a se machucar. Ainda mais no sexo: precisa ser tudo beeeeeeem devagar, com muita calma e carinho. 3. Já ouviu alguém dizer: "Quem está com pressa, come comida fria?" Pois é. Tem hora certa pra tudo. Não adianta querer acelerar demais o passo. Às vezes, vale a pena dar um tempo antes de experimentar cada coisa que há por aí.

242 *Um amigo da escola me convidou para fazer sexo virtual. Aceitei... e gostei! Agora ele quer fazer de verdade e diz que não vou me arrepender. Ele é virgem e eu também. Será que eu topo? O pior de tudo é que acho que estou apaixonada por ele.*

Fazer sexo pela internet é bem mais simples do que ao vivo. Quando envolve contato físico, é preciso pesar bem as coisas. Essa experiência pode ser tanto positiva como negativa. Tudo depende de você estar preparada o suficiente para a sua primeira vez. Você acha que chegou a hora? Ou quer fazer sexo só porque as suas amigas já fazem? Ou, ainda, porque ele está insistindo? E quanto a esse menino? Você acha que vale a pena se relacionar sexualmente com ele? A primeira relação sexual é muito importante na vida da gente. É um marco, um grande passo, uma mudança. Você precisa estar muito a fim. Também deve se orientar sobre os cuidados necessários. Um, importantíssimo: usar camisinha SEMPRE, para não correr o risco de contrair doenças. Outra coisa: é bom dar uma chegada ao ginecologista, para verificar se está tudo OK com sua saúde sexual. Ele também poderá recomendar métodos eficientes para evitar a gravidez, como o uso de pílulas. Mas só o médico pode receitar o medicamento, viu? A pílula que a sua amiga usa pode não ser boa para você. Ou seja, nada de ir à farmácia por conta própria, hein? Avalie bem se você se sente preparada e amadurecida para esse passo. Só você pode decidir se é ou não a hora de iniciar.

243 *Encontrei um DVD pornô no quarto do meu namorado. Acho que ele não precisa ver essas coisas... Fico na dúvida se está faltando algo na nossa relação.*

Uma coisa não tem nada a ver com a outra. Não é o fato de ele assistir a filmes eróticos que vai determinar se a relação de vocês vai bem ou não. Muito menos se falta algo. Você tem outras maneiras de descobrir isso. Conversando aberta e francamente é uma delas. Quanto aos filmes, não se preocupe tanto. Muitos garotos – e garotas – sentem um enorme prazer em assistir a esse tipo de vídeo. E que mal há nisso? Trata-se apenas de uma forma de estimular o desejo e o prazer sexual. No entanto, muitas meninas como você sentem mesmo ciúme de filmes eróticos ou de revistas pornôs. Ou ainda de fotos sensuais vistas na internet. E daí? Que mal há em observar uma revista, um vídeo ou uma foto? A resposta é: nenhum. Desde que vocês estejam se relacionando bem, não há por que ficar com raiva, com ciúme ou insegura com tudo isso. Preocupar-se é que é uma grande bobagem. De qualquer forma, sempre que a gente está engasgada e incomodada com alguma coisa, a dica é: um bom bate-papo é sempre uma excelente opção.

244 *Como saber se ele está gostando do que a gente está fazendo na hora? Será que é certo perguntar na hora? Ou pergunto depois?*

Pra que você quer ficar perguntando a toda hora se está sendo bom? O melhor é deixar rolar e não se preocupar tanto com isso. Sem encanações, o sexo flui de maneira muito mais solta e prazerosa – para os dois! Durante a relação sexual, o parceiro sempre acaba demonstrando de um jeito ou de outro se está gostando ou não. Como? Com a empolgação, a excitação, a intensidade das carícias, a respiração ofegante, os beijos quentes, os gemidos, os sussurros... Tudo isso pode ser sinal de prazer. Mas vocês podem até combinar um jogo erótico: na hora H, dizer quando está uma delícia, pedir mais toques aqui ou ali... Dessa maneira, fica mais fácil descobrir os pontos onde você e ele sentem mais prazer. Importante: isso tudo precisa ser feito de um jeito bem descontraído e sem grandes preocupações. Ficar muito encanada com o desempenho sexual só atrapalha. Deixa a pessoa tensa e o prazer dela acaba indo embora. A dica é: relaxe, observe o outro, inove e, caso queira, combine jogos eróticos que dêem a vocês o mapa da mina. Assim, a clássica pergunta "Foi bom pra você?" se tornará totalmente desnecessária.

245 *Fazemos sexo com freqüência e a dúvida é: a gente pode acabar perdendo o tesão um pelo outro? Enfim, o que pode acontecer?*

Muita gente tem esta dúvida: será que muito sexo hoje pode ser sinônimo de pouco sexo amanhã? Ou seja, será que praticar muito faz a gente enjoar de sexo? Há vários fatores em jogo. O primeiro deles: você e ele estão vivendo um momento muito bacana de descoberta da vida sexual. E esse começo deixa a gente com vontade de "quero mais". Quer dizer, é supercomum o garoto e a garota quererem experimentar mais e mais esse prazer. A vontade vem mesmo, a todo instante. E isso não tem nada de mais. Pelo contrário: é muuuuito gostoso! Quanto a enjoar de fazer sexo, isso não precisa ocorrer. É claro que a novidade (ou seja, a iniciação sexual) estimula muito. Mas a gente pode inovar sempre, e descobrir a cada dia um novo e prazeroso jeito de transar. Isso vale para a vida inteira – e não só para a adolescência! A dica é: não se preocupe com a freqüência sexual. Vale mais a pena quando a gente deixa o desejo imprimir seu ritmo. Sexo fica muito mais gostoso quando não há uma programação. Vocês podem (e devem) curtir, sem encanações, esse momento de descoberta de prazeres! E (como eu não me canso de repetir) sempre de camisinha, OK? Assim será realmente um enorme prazer!

246 *Como sei o meu limite quanto ao sexo, se pregam o sexo total, na mídia e na esquina, na escola e em todo lugar?*

Calma aí! Que história é essa de sexo total? Às vezes há, sim, uma banalização da sexualidade. Mas acho difícil uma escola, por exemplo, pregar algo sem limites. Será que não há um equívoco de interpretação da sua parte? De qualquer forma, a dica é: a gente deve ir até onde quer ir. Deu para entender? O que não é legal é fazer algo exclusivamente para agradar ao outro. Ou para ceder à pressão de um grupo de amigos, por exemplo. Cada um deve estipular seus próprios limites. O que pode ser muito bacana para uns também pode ser muito chato para outros. O melhor é cada pessoa escolher o que deve ou não fazer na cama. Buscar informações claras, objetivas e didáticas sobre a sexualidade é também uma forma de ficar mais tranqüila em relação ao assunto. Conversar com alguém de confiança é também uma excelente opção.

247 *Namoro há um ano e meio e estou preocupada com uma coisa: tenho uma vontade louca de fazer sexo. Por que eu sinto isso? Quero transar a toda hora. Meu namorado pode largar de mim por causa disso?*

Caaaaaaaaaalma. Vontade louca não significa que você endoidou de vez. Quando a gente começa a ter as primeiras experiências mais quentes, acaba pensando nisso 24 horas por dia mesmo. É absolutamente natural. Além do que, o seu corpo conspira para que você se sinta assim. Sabe como? Os hormônios armam o maior carnaval da história. E, claro, botam fogo no desejo! Com os meninos, ocorre o mesmo. Ou seja: vai ser muito difícil ele largar de você apenas por causa disso, né?

248 *Até onde vai uma ficada? Fico na maior dúvida na hora. Não sei se devo dar mais do que beijo na boca, que já é muito bom. Ou se tudo bem fazer mais.*

Esta é uma questão delicada. Cada pessoa precisa saber até onde deve ir. Sexo é uma delícia, é claro. E a gente tem desejo até de sobra. Mas deve-se reservar essa intimidade para alguém especial. Ou seja, só fazer com alguém que realmente valha a pena. Sexo não é beijinho no rosto, que a gente dá sem mais nem menos. Envolve maturidade, responsabilidade (estamos falando aqui de uso de camisinha, prevenção de doenças e de gravidez fora de hora) e sentimento. Não dá para banalizar essa história. A dica é: escolha bem com quem você terá esse relacionamento íntimo. Assim é muito mais gratificante – e prazeroso!

249 *Outro dia eu fiquei com um menino lindo e ele foi me levar em casa de carro. Quase rolou sexo... Mas, no último momento, eu não tive coragem. Será que eu podia ter topado?*

Você acha que deveria? Ou não? Será que vale a pena ficar com alguém e já ir transando? Ou é melhor conhecer um pouco mais e ver se aquela pessoa é realmente especial para você? Pergunte-se isso! E descubra suas respostas!

250 *Posso topar uma coisa mais agressiva?*

Como assim??? Vamos começar com um exemplo. A Júlia (nome trocado para preservar sua identidade), de 15 anos, escreveu um e-mail contando que o namorado tinha o costume de dar tapinhas de brincadeira, bem na hora do amasso. Foi assim: "Duas ou três vezes, ele deu uns tapinhas (até meio doídos) e eu disse claramente que não gostava. Depois, aconteceu de eu morder os lábios dele. Aí, foi ele que não gostou. Afinal, essa coisa de bater de brincadeira, ou morder de brincadeira, é legal ou não?" Esta resposta vale tanto para a Júlia como para qualquer outra garota: a gente só deve topar fazer uma brincadeira ou outra se estiver a fim. Por exemplo: se o tapa não doeu nem incomodou (quer dizer, você não ficou encanada com aquilo), pode não ser nada de mais. Agora, se o tal tapa não foi nada legal, aí não vale a pena deixar rolar de novo. É tudo uma questão de avaliar bem as coisas. O mesmo se aplica a uma mordida ou outra: alguns casais acham excitante brincar de morder. Outros não gostam. Mais uma vez, a dica é: descubra do que você gosta, antes de tudo. Se não é bacana para você, não vale a pena incluir no repertório erótico. E pense no namorado também: se ele não gosta de fazer isso ou aquilo, nada de ficar forçando a barra!!!

O CORPO DA GAROTA

Capítulo **8**

Pra que sofrer
se nada é para sempre?

Capital Inicial, em "Olhos Vermelhos".

Tudo mudou! Seu corpo cresceu e deixou de ter as formas de criança. Sua cabeça... sei lá, né? Parece que está é numa grande confusão! A boa notícia? Isso acontece com TODAS as adolescentes. Claro que essas transformações físicas, sociais e emocionais geram muita angústia, mas fazem parte do grande barato que é crescer! Neste capítulo, vamos nos concentrar nas mudanças corporais da adolescência: no novo corpo da garota e no que se refere ao assunto sexo.

AS PERGUNTAS DAS MENINAS

Estas são as principais dúvidas delas.
(Mas os meninos deveriam ler isto também!)

251 *O que acontece exatamente com o corpo da menina na hora da relação? Muda alguma coisa, não é?*

Quando a garota se excita, o corpo se prepara naturalmente para a penetração. A vagina, que é um órgão elástico, dobra de tamanho. Ela fica mais larga e mais aprofundada, tudo para que não haja dor. Além disso, produz um líquido lubrificante para facilitar as coisas. Essas transformações acontecem sempre, basta a garota estar muuuito a fim. Só tem um problema: se ela ficar ansiosa, tensa ou encanada com alguma coisa, o corpo também pode reagir. Nesses casos, os músculos da região da vagina podem se contrair sem a menina perceber, provocando, então, dor na hora da penetração. Ou seja, a dica número 1 é: relaxar.

252 *É verdade que a vagina da menina fica mais larga quando ela tem uma vida sexual ativa?*

Não fica mais larga, não. O que ocorre é que, a cada relação, a vagina dobra de tamanho para receber o pênis, como comentamos na questão anterior. Mas, depois, a vagina volta aos poucos ao estado de repouso, ou seja, retorna às dimensões de antes do sexo. Esse processo ocorre em todas as garotas. É uma reação normal do corpo feminino. E ainda bem que a vagina da gente é assim: um órgão do corpo extremamente elástico. Caso contrário, a penetração provocaria uma enorme dor em vez de prazer. Aliás, quando a garota não está suficientemente excitada para começar a penetração, a vagina não aumenta de tamanho nem se lubrifica e... a menina sente incômodo e até mesmo dor. É daí que vem aquela história de que dói e sangra. Na verdade, isso só ocorre quando a garota não se aqueceu para o sexo com muitos beijos, abraços, amassos...

253 *Sinto muita vergonha da minha vagina. A cor dela é escura mesmo? Ou tem alguma coisa que eu possa fazer para melhorar a aparência dela?*

Pra que toda essa preocupação com a aparência da vagina? Vagina é vagina. De todo mundo é assim mesmo. Não tem nada de feio, não. É que muita gente cresceu ouvindo coisas do tipo "Ela é feia e suja" e acaba se convencendo disso.

Mas não é. Quanto à questão da cor, você já reparou que cada pessoa tem uma tonalidade particular de pele? E essa variedade, essa diversidade, é muito bacana, não é verdade? A vagina segue o mesmo caminho: cada uma tem uma "tonalidade". Desencane disso!

254 *Tenho vergonha do cheiro da minha vagina também. Existe alguma técnica, fora a higiene habitual, para melhorar o odor?*

Sobre o cheiro, é legal tomar alguns cuidados. Ela tem um odor muito forte e ruim? Se tiver, pode ser sinal de alguma infecção ou DST (doença sexualmente transmissível). Nesse caso, é preciso visitar um ginecologista o quanto antes. Ir ao médico com freqüência é, aliás, uma das melhores maneiras de garantir a saúde sexual (e também todo o prazer que o sexo pode lhe proporcionar!). Agora, se o odor não é muito forte e ruim, aí voltamos a um ponto inicial. A vagina tem cheiro sabe de quê? De vagina! Óbvio, não? Mas é isso mesmo: ela tem um cheiro característico dela, dos fluidos e das secreções naturais que o corpo feminino produz nessa região, assim como o pênis também tem seu odor característico. E o que há de vergonhoso nisso? NADA! É assim mesmo e ponto. Tire de uma vez por todas esse mito da sua cabeça de que vagina é uma coisa da qual as meninas e as mulheres devem sentir vergonha. Não devem. Muito pelo contrário: é o canal de acesso para uma coisa maravilhosa, que é a reprodução humana (quando chegar a hora certa, claro, o que não é na adolescência!). Além de ser um órgão que nos garante um imenso prazer!

255 *Tive a minha primeira relação sexual, mas tenho dúvidas se foi da maneira correta. Há perigo de o pênis perfurar um canal errado (e não a vagina) na primeira vez???*

Não tem perigo de errar a vagina, não. Quer dizer, a gente tem dois canais possíveis para a penetração: o canal vaginal e o ânus. Como a musculatura da vagina é mais elástica do que a do ânus, o pênis penetra com maior facilidade na vagina. Quanto à sensibilidade, toda a região pode despertar sensações de prazer. Ou, às vezes, de incômodo! Tudo depende de seu estado de relaxamento. Se você estiver muito tensa, preocupada, com medo ou encanada com sei lá o quê, pode ser que a relação sexual provoque um certo incômodo ou até mesmo dor. A dica é: relaxe e aproveite o momento! O que não vale é forçar a barra se estiver doendo. A gente precisa ir com muita calma para, aos poucos, descobrir a melhor maneira de manter a relação sexual. Outra dica: vá ao ginecologista. Quando se tem vida sexual, é importante visitar o médico periodicamente, para ver se está tudo OK com a região genital.

256 *Toda vez que transo numa certa posição, depois de alguns minutos de penetração, sai da minha vagina um barulho, como se fosse de bolhas de água estourando. O que acontece?*

Não há nada de errado com o seu corpo. Esse barulho estranho são apenas gases vaginais. Acontece com qualquer menina, com qualquer mulher. Isso é absolutamente normal. Dependendo da posição sexual, a gente elimina gases vaginais na hora da penetração ou até mesmo depois do sexo. Em geral, eles não têm cheiro. Só fazem esse barulho. O que fazer nessas situações? Deixar pra lá, levar na brincadeira, rir da situação. Mas, caso apresentem algum odor, é sinal de que você pode estar com alguma infecção. Aí será necessário recorrer a um ginecologista para avaliar o quadro e saber qual o tratamento mais adequado.

257 *Os seios costumam aumentar depois da transa?*

Na verdade, na hora H, da excitação, há uma série de mudanças corporais... entre elas, o aumento dos seios. Mas, depois do orgasmo, tudo volta ao normal.

258 *Garotas de seios grandes sentem mais prazer nessa região do que garotas de seios pequenos?*

Uma coisa não tem nada a ver com a outra. Tanto as com seios menores como as com seios maiores têm potencial para sentir prazer nessa região.

259 *Queria ter seios maiores... O crescimento dos seios tem a ver com o quê?*

O crescimento se acelera com a proximidade da chegada da primeira menstruação: por volta dos 9 anos, os hormônios começam a agir e as mudanças começam a surgir. Aos 10 ou 11 anos, os seios começam a aparecer e a marcar a camiseta. A menstruação costuma vir entre 11 e 13 anos, mas os seios podem crescer até os 15 ou 16 anos, independentemente da idade em que você menstruou pela primeira vez. Mas o tamanho tem a ver mesmo é com a genética: ou seja, tem a ver com os seios das duas famílias, paterna e materna. Como os seios são formados por tecido gorduroso e por um conjunto de células que vão produzir (futuramente!!!) o leite (que são as glândulas mamárias), o tamanho também tem a ver com a quantidade de gordura e com as glândulas mamárias. Ou seja: varia muito de pessoa para pessoa.

AS PERGUNTAS DOS MENINOS

Estas são as principais dúvidas deles.
(Mas as meninas deveriam ler isto também!)

260 *Por que dizem que o clitóris é o principal ponto de prazer das garotas?*

Porque é mesmo! O clitóris tem uma grande concentração de terminações nervosas (quase 8 mil fibras nervosas). É por isso que é supersensível aos toques! Ao ser acariciado, o clitóris se enche de sangue e aumenta de tamanho. Na hora do orgasmo, ele se contrai. E depois volta ao normal. Esse processo (de encher de sangue, aumentar de tamanho, se contrair) se relaciona às reações de prazer no corpo feminino. Mas, por ser supersensível, tocá-lo quando a garota não está "no clima" pode provocar incômodo ou até mesmo dor.

261 *Onde fica exatamente a entrada da vagina?*

Fica logo depois do que a gente chama de monte de Vênus (aquela parte repleta de pêlos pubianos). O orifício de entrada da vagina fica meio recoberto pelos lábios vaginais. Por ali tem também o clitóris, que é o principal ponto de prazer feminino. Ele fica logo acima da abertura da vagina, bem perto dela. Ele mede cerca de 2 centímetros e é tipo uma "saliência" ou como uma "bolinha" (tipo a ponta do nariz).

262 *Gostaria de saber quais são as principais áreas de prazer das garotas. São apenas os seios, a vagina e as redondezas ou tem mais?*

As meninas são bem diferentes dos meninos. Enquanto eles preferem os toques diretamente no pênis, elas gostam de carinhos por todo o corpo. Claro que as garotas se estimulam muito com carícias nos seios, no clitóris e na vagina, mas também sentem um grande prazer em outras áreas como virilha, parte interna das coxas, nuca etc. O segredo para que esses toques sejam realmente prazerosos é, antes de tudo, ficar bem relaxada. Só assim o corpo se prepara para encarar as carícias como o que elas de fato são: algo bem prazeroso. Se a garota estiver nervosa ou preocupada com alguma coisa, aí a situação pode se complicar. Nesses casos, o que era para ser bom pode surtir o efeito contrário: irritar, incomodar e até doer.

263 *Ouvi falar que o ponto mais sensível da menina se encontra a 3 centímetros da parte externa da vagina. Verdade ou mentira?*

Para você entender melhor que história é essa dos 3 centímetros (que eu vivo falando em colunas, chats, palestras ou entrevistas na TV), é preciso saber um pouco mais sobre as reações de prazer nos genitais femininos. Funciona assim: quando a menina está muuuito excitada, a vagina produz um líquido lubrificante e dobra de tamanho para receber o pênis. Isso é uma alteração espontânea do corpo feminino. Nessa hora, o canal vaginal (que é uma espécie de tubo) chega a medir cerca de 16 centímetros de profundidade. O fundo desse canal geralmente não é tão sensível como a parte que fica perto do orifício da vagina (que é o começo dela). Os tais 2 ou 3 centímetros mais "externos" da vagina são nada mais do que essa área inicial do canal vaginal. Entendeu?

264 *Onde esse ponto dos 3 centímetros realmente fica?*

Não se trata de um ponto X, Y ou Z onde o toque provocará um orgasmo instantâneo. Isso não existe!!! É lenda, invenção, maluquice. Os benditos 3 centímetros são apenas uma região de maior sensibilidade. Não é também para sair conferindo a coisa com uma régua, né? Trata-se de uma medida aproximada.

265 *Para a vagina da garota, importa ou não o tamanho do pênis?*

O que a maioria dos sexólogos costuma dizer é que, na verdade, tamanho não é documento. Não faz diferença nem para o seu prazer nem para o dela. Explico: como a parte mais sensível da vagina é a inicial (os tão falados 3 centímetros), não é necessário ter um pênis enorme para conseguir estimular essa região, você não acha? A dica é: não se preocupe com o tamanho do pênis, muito menos em encontrar pontos de prazer milimetricamente calculados. O melhor é deixar tudo rolar de um jeito bem descontraído. Assim é mais prazeroso!

O CORPO DO RAPAZ

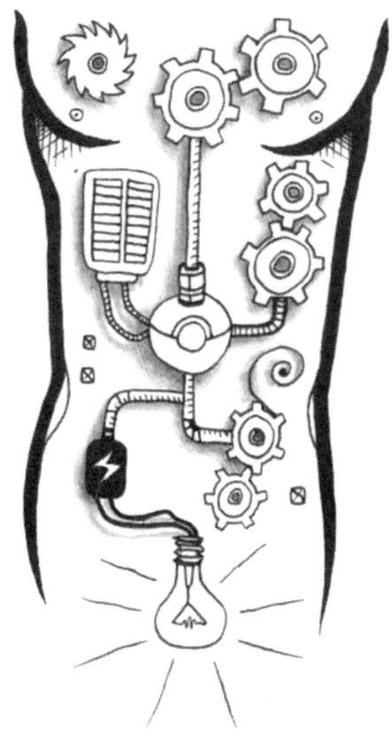

Capítulo **9**

Somos pássaro novo,
longe do ninho...

Legião Urbana, em "Eu Sei".

Quando chega a adolescência, milhões de coisas mudam (como a gente já sabe!): o corpo cresce, o lado emocional se modifica. É uma aventura, com altos e baixos. O melhor da história? Você não é um extraterrestre (mesmo que se sinta assim por um tempo), pois todo mundo passa por isso. É também a fase das grandes mudanças na área sexual, o que gera vááááááárias dúvidas. Aqui vão algumas das que mais preocupam os garotos – e respostas para, quem sabe, você se despreocupar de vez!

AS PERGUNTAS DOS MENINOS

Estas são as principais dúvidas deles.
(Mas as meninas deveriam ler isto também!)

266 *Será que meu pênis está no tamanho certo para a minha idade? Tenho 15 anos e ele mede 12 centímetros. Sou virgem e morro de medo de na hora ela achar pequeno demais. O que eu faço?*

Essa preocupação que você tem é comum entre os adolescentes. E entre os adultos também! Vivemos em uma cultura que valoriza demais a medida do pênis. Mas isso tudo não passa de um grande equívoco. Sabia que tamanho é o que menos importa na hora H? Durante a relação sexual, o que mais conta é o jeito de tocar a parceira, de se envolver no clima, de trocar beijos e abraços, de namorar. Para a garota, o tamanho do pênis não faz a mínima diferença para o prazer. Quem fica muito preocupado com isso acaba sofrendo demais. A dica é: relaxe. Na hora do amasso, concentre-se nas sensações (suas e nas dela também). Isso, sim, merece toda a sua atenção.

267 *Tenho 13 anos e parece que o meu pênis não cresce. Por quê?*

Você sabia que, quando o menino está entrando na adolescência, as mãos e os pés crescem antes de quase tudo? Ou, pelo menos, do que mais importa para os garotos nessa fase. Isso mesmo: o pênis é a última parte do corpo dele a crescer! Que chato para os garotos, não é? Eles se olham no espelho e se vêem com os primeiros pêlos no rosto, a voz mais grossa, os braços compriiiiidos e o corpo todo mudado, com ares de adulto. Mas... aquela parte, com a qual ele se preocupa 24 horas por dia, muitas vezes ainda meio que mantém o mesmo jeitão da infância. A boa notícia é: isso passa. E muda. Para melhor, claro. Entre 15 e 18 anos, o pênis, finalmente, adquire novas dimensões. Então, calmaaaa!

268 *Tenho 18 anos e meu pênis desde os meus 16 anos permaneceu com 12,5 centímetros. Será que crescerá mais?*

Em geral, o pênis se desenvolve até mais ou menos essa idade em que você está. Ou seja, pode ser que cresça um pouco mais... ou talvez fique mais ou menos por aí. Mas, se não atingir a marca esperada por você, qual o problema? Sabia que essa medida já é mais do que suficiente para satisfazer qualquer mulher? Aliás, segundo os especialistas, um pênis com 9 centímetros de comprimento em ereção já é considerado de tamanho normal. Ou seja, você não precisa se preocupar. Uma dica: vale mais a pena investir no jeito de dar e de sentir prazer do que ficar se ligando em tamanho de pênis. Que tal começar a descobrir maneiras novas e interessantes de se satisfazer e de dar prazer a quem está do seu lado? Isso, sim, merece uma grande atenção!

269 *O pênis pode ser aumentado com exercícios?*

Isso é lenda. Exercício não aumenta pênis, garante a maioria dos especialistas. E o melhor, como venho dizendo nas perguntas anteriores, é deixar essa paranóia de tamanho pra lá. Procurar jeitos novos e gostosos de fazer sexo é muito mais bacana do que se preocupar com o tamanho do pênis. Experimente parar de pensar um pouco nisso. A vida pode ganhar ares bem mais interessantes!

270 *Ouvi dizer que amarrando um peso no pênis ele cresce. É verdade isso?*

Os especialistas em sexualidade costumam afirmar que essa história de peso amarrado no pênis não dá resultado positivo, não. Além disso, já imaginou você andando por aí nessa situação? Ou em casa, fazendo uma "série" de X minutos por dia? Hilário, constrangedor e... desnecessário!!! Essa preocupação excessiva com tamanho de pênis é algo sobre o que a gente deveria pensar melhor. Tamanho faz mesmo a diferença? Será? De qual diferença estamos falando? Será que vale mesmo a pena valorizar tanto essa coisa de tamanho? Ou não seria melhor valorizar o que de fato interessa numa relação sexual, que é o entrosamento entre duas pessoas, a troca de carícias, de afeto, de prazer etc.?

271 *Meu pênis exala um cheiro estranho e tenho uma vida sexual problemática por causa disso. Talvez o fato de eu ter fimose seja agravante. Será?*

Fimose, explicando de um modo bem simples, é o nome que se dá ao excesso de pele (prepúcio) ao redor da cabeça do pênis (chamada glande). Isso acaba impedindo que, durante a ereção, a cabeça do pênis apareça, provocando incômodo ou dor, muitas vezes. Além disso, há vezes em que o garoto não consegue fazer a limpeza adequada do local (que é, na hora do banho, puxar toda a pele para trás e limpar bem ao redor da cabeça do pênis), pois o excesso de pele atrapalha. E talvez isso esteja provocando esse cheiro ruim que você sente. Portanto, é importante que você vá ao médico, para que ele o oriente sobre o que é melhor fazer. Em alguns casos, é necessário fazer uma pequena cirurgia. Mas não é para ter medo, não: a cirurgia de fimose é bem simples (e resolve o problema rapidamente!).

272 *Tenho fimose e sinto uma dor sempre que estou transando. Não é insuportável, porém incomoda na hora. O que eu faço?*

Dor é sempre um sinal de alerta. E, sempre que aparece algum incômodo ou dor, não há outra saída: é preciso ir ao médico. No seu caso, um urologista. Como a gente já disse anteriormente, fimose é o excesso daquela pele que recobre o pênis, o prepúcio, e a cirurgia para a retirada desse excesso é relativamente simples. Melhor ainda: depois dela, você vai poder curtir o sexo com muito mais prazer. Sem dor, sem encanação e com a sua saúde sexual bem cuidada. Isso não é mais bacana? Então, procure um urologista rapidinho. Tenha certeza que isso valerá super a pena!

273 *Acho meu pênis torto e esquisito. Pode ser algum problema?*

Se o desvio não é acentuado e se você não sente dor na hora da ereção, não é necessário se preocupar. Porém, se há dor, é preciso procurar um urologista. Ele vai recomendar o tratamento mais indicado, pois pode ser uma característica de uma doença chamada Síndrome de Peyronnie. Ela é provocada por uma alteração no tecido que envolve o corpo cavernoso do pênis. Nesse último caso, forma-se uma espécie de calo no corpo do pênis, o que provoca a curvatura. Em geral, a cirurgia que corrige esse tipo de problema dá excelentes resultados. E é muito melhor ir ao médico e fazer o tratamento direito do que conviver com dor, não é mesmo?

274 *Pênis torto pode dar mais prazer à garota?*

Quanto ao prazer feminino, se o desvio não for de grande intensidade, a curvatura pode até provocar um atrito na vagina maior do que o habitual durante a penetração, o que pode ser prazeroso para algumas parceiras. O problema é que a tendência é a curvatura do pênis ir se acentuando com o tempo. Ou seja, mais tarde, pode provocar dor com a ereção. Aí, não há outra saída: é preciso procurar um urologista para tratar o problema e melhorar a situação.

275 *Por que os testículos doem às vezes? É assim mesmo?*

Pode ser que você tenha ficado com muito desejo sexual e não deu vazão a essa estimulação por meio da ejaculação. Aí, pode aparecer uma dor nos testículos. Mas se, mesmo depois de algumas ejaculações, a dor persistir, pode ser sinal de que você precisa dar uma chegada ao urologista, para ele examiná-lo e ver de perto se está tudo OK.

AS PERGUNTAS DAS MENINAS

Estas são as principais dúvidas delas.
(Mas os meninos deveriam ler isto também!)

276 *Por que os testículos são meio gelados?*

Porque eles funcionam como uma "geladeira" para guardar os espermatozóides. Para isso, a temperatura costuma ser de 1 grau a menos (ou até 2 graus) do que a do resto do corpo (o que dá a sensação de estarem mais gelados). Isso é normal.

277 *Qual é o principal ponto de prazer dos meninos?*

O principal ponto é, sem dúvida, o pênis. Os garotos ficam muito excitados com toques nessa parte do corpo, em especial na glande (cabeça do pênis). Ou ainda nos testículos. Mas é preciso dosar bem a intensidade do toque para não correr o risco de provocar sensações de incômodo ou até mesmo de dor. O corpo do pênis pode ser tocado com mais força. Já a glande e os testículos, mais levemente.

278 *E quais são as outras áreas de prazer dele? Será mesmo que tem mais além do pênis?*

Claro que tem mais zonas erógenas! Aliás, qualquer ponto do corpo pode ser um local que dê prazer, e não apenas o pênis e arredores. Barriga, nuca, pernas, rosto, boca... Enfim, todo o corpo é repleto de pontos com potencial para despertar o prazer. Essa história de que só existe o pênis e nada mais não passa de um mito.

279 *E quais são elas exatamente?*

Exatamente é difícil dizer, porque essas zonas erógenas variam muito de garoto para garoto. Claro que no corpo humano há regiões particularmente sensíveis à estimulação erótica e à sensação de bem-estar e de relaxamento. E essas principais áreas estão na região genital, como a gente já falou anteriormente (tanto no corpo das garotas como no dos garotos). Mas há também outras zonas de prazer interessantes, em especial no rosto, na nuca e no pescoço, entre outras. Aliás, repito: todo o corpo pode ter zonas erógenas! É só procurar!

280 *Tamanho de pênis precisa combinar com tamanho de vagina? Tipo assim: pênis tamanho P com vagina P, ou pênis tamanho M com vagina M...*

Boa pergunta! Será que precisa? Ou será que a vagina, que é um órgão superelástico, se adapta aos diversos tamanhos de pênis? A resposta mais adequada é a segunda opção: a vagina se adapta! Ela tem mais ou menos as dimensões de 2,5 centímetros de diâmetro por 16 centímetros de profundidade, na fase de excitação. E é justamente bem elástica para "acomodar-se" em torno do pênis.

HOMOSSEXUALIDADE

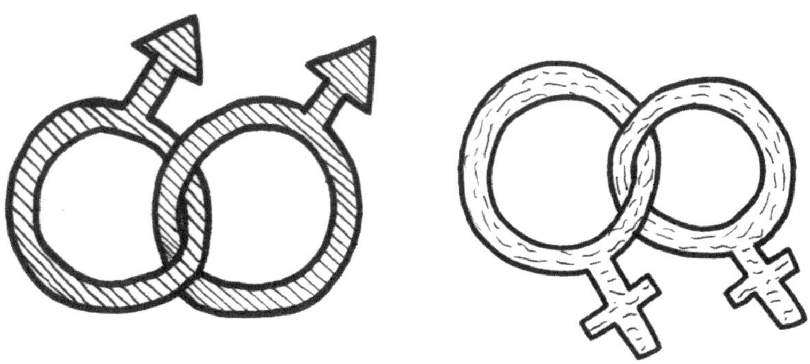

Capítulo **10**

Eu sou o que sou...

Gloria Gaynor, em “I Am What I Am”.

Muita gente fica superangustiada com essa história de ser ou não ser gay. Mas será que a gente precisa mesmo fazer tanta tempestade assim? Não sei não... Claro que estamos falando de uma questão delicada na vida de qualquer pessoa. Mas tem hora que fico com a impressão de que muita gente pinta as coisas de um jeito meio equivocado e exagerado demais, além da conta. Quer saber? Melhor do que ficar aqui de blablablá é: leia este capítulo e tire suas próprias conclusões!

AS ANGÚSTIAS DAS MENINAS

Estas são as principais dúvidas delas.
(Mas os meninos deveriam ler isto também!)

281 *Morro de medo de ser homossexual!*

Calma! Alguns especialistas fazem uma distinção entre "ser" e "estar" homossexual. Podemos dizer que "ser" homossexual é uma coisa de longo prazo, tipo pra sempre. E podemos dizer que "estar" homossexual é algo de uma fase, de um período, de um momento da vida, de uma determinada situação. Na adolescência, tudo é muito novo em termos de sexo e sexualidade. Pode ser que as experiências sexuais homossexuais sejam algo de uma fase, de um "estar", de um "experimentar". Ou não. Pode ser que seja algo para a vida inteira. Quem vai dizer isso? Você... e o tempo!

282 *E se eu for mesmo?*

Pois é. E se você for homossexual? E se a chamarem de lésbica? E se a chamarem de gay? São coisas com que você vai precisar aprender a lidar. Fazem parte dessa cultura em que a gente vive, uma cultura bem impregnada de preconceitos dos mais diversos, infelizmente. Dá para se vacinar contra esse preconceito todo? Difícil. É complicado lidar com esse contexto. Mas é possível encontrar meios de lidar com isso... e você é quem vai ter de descobrir os seus. Lembre-se: homossexualidade não é doença, nem "algo errado", ou "um defeito". Trata-se apenas da orientação sexual de cada um.

283 *Conto ou não conto para os meus pais?*

A gente já abordou uma questão desse tipo no capítulo sobre primeira vez. Melhor contar? Ou não? Qual a hora de contar? Pra quem contar? Será que devo mesmo me abrir com alguém? Pois é. Esta é uma questão difícil. Só você pode saber quando, como e com quem você está com vontade de se abrir. Na verdade, essa decisão, mesmo difícil, deve ser sua.

284 *Será que eles vão aceitar?*

Esperamos que sim. Esperamos que, nos dias de hoje, os adultos estejam mais preparados para lidar com essas questões delicadas, do que no século passado. Mas... isso seria o ideal. E se não for? Não dá para que as coisas saiam do jeito que a gente espera e planeja. Homossexualidade, ainda hoje, é um tema polêmico, em casa, na rua, na escola, na mídia, em qualquer lugar. A gente não pode fingir que não existe preconceito por aí. Existe. Mas, como já disse antes, é possível encontrar caminhos para lidar com essa situação. E não estou falando de caminhos tortos, tipo se jogar mas drogas, encher a cara de álcool etc. Nada disso! Jovem esperto sabe ser responsável pelo que faz. E, se estiver com dificuldades, sabe que pode buscar a ajuda de pessoas bacanas, como um psicólogo, um adulto de confiança, um professor ou uma professora bacanas...

285 *E as minhas amigas? Elas vão fugir de mim?*

Tudo pode acontecer... Mas, pensando bem, será que uma amiga que "foge" – e não volta mais – era mesmo para ser considerada tão amiga assim? Cada pessoa vai ter uma reação diante dessa questão, e isso tem a ver com os valores e com o jeito de ser de cada um. Pode ser que uma amiga fuja e não volte nunca mais, pode ser que outra tenha uma reação negativa no começo e depois pense melhor e seja uma amiga nota 10. E pode ser também que nada disso ocorra, ou que ocorram coisas que você nem imagina. Moral da história: não dá para prever! Só mesmo vivendo cada momento para saber. A dica é: viva sem se cobrar tanto, sem se pressionar demais, e também sem ficar cobrando um monte de coisa dos outros. Assim tudo fica bem mais leve... e a vida mais prazerosa!

286 *Beijei minha melhor amiga na boca! A gente estava rindo bastante e falando dos meninos quando pintou vontade de beijar. Demos um amasso. Virei lésbica?*

Vamos pensar com calma. A adolescência é um período em que meninas e meninos estão descobrindo uma série de coisas a respeito do próprio corpo e da sexualidade. E é comum nessa fase a pessoa sentir vontade de experimentar algo com alguém do mesmo sexo. E não vai ser por você ter beijado ou dado um amasso com a amiga uma única vez que você será considerada homossexual. Isso tem a ver com um desejo sexual mais constante por pessoas do mesmo sexo, e só o tempo vai lhe dizer isso. Vale lembrar que homossexualidade não é doença. Trata-se apenas de uma maneira de viver a sexualidade.

287 *Tive uma transa gay. Sou gay?*

Não necessariamente. Ter uma experiência homossexual pode ter sido apenas o que o nome diz: uma experiência!

288 *Sonhei que transei com minha amiga. Será que estou virando lésbica?*

Por quê? Só porque teve um sonho? A gente pode sonhar com o que quiser. Aliás, a gente não controla o sonho... e ele vem e acabou. E não tem nada a ver achar que está virando gay só por causa disso.

289 *Meu namorado disse que está na moda menina beijar menina. Será que eu devo? Ele quer me ver fazendo isso numa balada...*

Fazer uma coisa só porque "está na moda" ou "meu namorado quer" é péssimo. Você quer? Você se sente à vontade? A resposta está em você. Faça uma consulta a si mesma antes de tudo.

290 *Meu namorado quer fazer sexo a três depois de uma balada: eu, minha melhor amiga e ele. Não sei se quero... Devo topar?*

Ai. Ai. Ai de novo. Essa é mais uma questão hiperpolêmica. E a maioria dos educadores sexuais fica numa saia-justa para responder. Fiquei até com vontade de arrancar esta pergunta do livro e fingir que ela nem chegou até mim... Mas vamos lá, vamos tentar respondê-la, sim, de forma bem aberta. Pra começar, pergunte a si mesma: "Quero isso?" Pergunte de novo: "Quero mesmo?" Pese prós e contras: "Será que vai ser mesmo legal?" "E depois, como a gente vai ficar?" "Como eu vou ficar?" "Eu me sinto preparada para uma ousadia dessas?" "Ou estou no embalo da galera?" Estas são apenas algumas das perguntas a fazer a si mesma. É muuuuito difícil a gente dizer o que é certo e o que é errado para cada um. Na verdade, cada pessoa precisa fazer uma consulta interna, ou seja, a si mesma (como eu já mostrei um pouco na questão anterior). Ou seja: cada pessoa deve decidir qual decisão tomar, lembrando de fazer isso com responsabilidade, maturidade e pesando bem os prós e contras.

AS ANGÚSTIAS DOS MENINOS

Estas são as principais dúvidas deles.
(Mas os meninas deveriam ler isto também!)

291 *Tudo bem eu ter tido uma experiência (ou duas) homossexual. Posso ter só experimentado?*

Pode, sim! Às vezes é só uma experimentação e nada mais. Mas, às vezes, pode ser que a pessoa tenha mesmo essa orientação sexual: ela sente desejo por pessoas do mesmo sexo. E se for o caso, saiba que não tem nada de mais. É algo normal!

292 *Em que momento vou ter certeza se sou ou não gay? Vivo na dúvida...*

Ai, que difícil essa pergunta. Cada um é que tem de saber como se sente em relação às pessoas do mesmo sexo ou às pessoas do sexo oposto. Quem pode tirar essa dúvida de você é você mesmo.

293 *Como eu falo com os meus colegas sobre essas coisas?*

Falando. Ou melhor: do jeito que você quiser. Claro que pode ser uma situação delicada (a gente já falou em perguntas anteriores que, infelizmente, ainda há muito preconceito na nossa sociedade). Mas se a gente não age com naturalidade, será que não estamos contribuindo para aumentar o preconceito? Portanto, o melhor jeito de falar algo que você quer dizer é um só: falando como você preferir!

294 *Eu sou gay. Mas tenho vergonha disso...*

Sei. Muita gente tem. Mas será que é para ter? Claro que (mais uma vez voltando ao assunto do infeliz preconceito que ainda existe na nossa sociedade) essa é uma situação delicada. Você se sente diferente, rejeitado, observado demais e coisa e tal. É mesmo difícil, e eu imagino quanto! Mas acho pior ainda a gente ter vergonha de si mesmo. Será que precisa mesmo ter? Ou será que você é uma pessoa bacana e que tem um monte de coisa bacana a contribuir com o mundo? Essa história de ter vergonha de si mesmo perde a força se você se olhar com olhos mais positivos e menos opressores, você não acha?

295 *Minha religião me trata como se eu fosse uma aberração por ser gay. O que eu faço?*

Difícil opinar nessa questão. O que você quer fazer? Como você se sente? No que acredita? Lançar questões desse tipo para você é o que me parece mais adequado para que comece a encontrar suas próprias respostas. Tem gente que é budista, tem gente que é católica, tem gente que é protestante, tem gente que é ateu. Isso só para falar de algumas das infinitas possibilidades. Quem está mais certo? Não sei. Qual religião é a melhor e mais verdadeira? Também não sei. Tudo o que sei é que não existe uma única verdade, uma verdade absoluta. Há várias verdades, várias formas de enxergar a realidade, vários caminhos para a fé (ou para a falta dela). Qual o melhor para você? Só mesmo você pode descobrir, ao se investigar, ao olhar para dentro de si. Essa investigação muitas vezes amedronta, mas você pode ter certeza de uma coisa: é transformadora! Aproveite-a!

296 *Parece que está na moda dizer que é gay. Ando com um grupo de amigos que acha isso supermoderno... Será que eu devo experimentar?*

Será mesmo que tem a ver você experimentar só porque o grupo de amigos acha bacana? Será que não seria melhor VOCÊ ter suas próprias idéias, opiniões, desejos, expectativas, convicções? Eu ficaria com a segunda opção: apostar no que você está sentindo e pensando, e não no que os amigos "acham bacana" que você, ou outra pessoa qualquer, seja.

297 *Tenho amigos gays, mas fico com vergonha de me confundirem com eles. O que eu faço?*

A gente vive, sim, numa sociedade preconceituosa (infelizmente!!!) e que faz uma série de confusões. Fica mesmo difícil saber como agir... Mas eu acho que essa pergunta deveria ser endereçada a você mesmo: será que essas pessoas que gostam de confundir as coisas são pessoas bacanas para você ter ao seu lado, influenciando sua vida, para ter como amigos? Ou será que os verdadeiros amigos, homossexuais ou heterossexuais, são as pessoas que realmente merecem sua atenção e estima? Qual opinião realmente importa para você? Qual opinião você deveria realmente valorizar? Descubra você!

298 *Queria saber mais questões sobre homossexualidade... E aí?*

Este livro inteiro diz respeito ao mesmo tema: ser homem e ser mulher! Ser homossexual não tem nada de diferente disso: é ser uma pessoa como qualquer outra, com um corpo como o de qualquer outra, com um funcionamento sexual como o de qualquer outra. A única diferença é o direcionamento do desejo: a pessoa homossexual sente desejo erótico por alguém do mesmo sexo. Ponto. Não há mais o que dizer de diferente. Você, sendo homossexual ou não, tem o livro inteiro de dúvidas feitas sob medida para você! Passeie pelos capítulos (todos!) e confira!

299 *E se eu quiser ajuda para me perceber melhor?*

Bacana esse movimento de querer se perceber melhor... Isso pode ser feito voltando-se para si mesmo, tentando pensar quais são seus desejos, suas expectativas, seus planos, seus gostos, seus não-gostos etc. E esse caminho de descoberta de si mesmo pode ser facilitado com a ajuda de um psicólogo (lembrando que psicólogo não é apenas "médico de louco", como muita gente costuma dizer; é um profissional que pode ajudar a gente nesse caminho de se conhecer melhor). Encoraje-se e... boa viagem para dentro de si!

CURIOSIDADES

Capítulo **11**

Com um beijo
posso ver sua alma...

Nando Reis, em "Dentro do Mesmo Time".

Chegamos a um momento divertido e interessante: o de saber mais sobre números, estatísticas, pesquisas, dados curiosos, informações históricas e culturais e muito mais, tudo em torno do tema sexo. O que você tem a aprender com isso? Muita coisa! No mínimo, vai ganhar repertório para se tornar, cada vez mais, uma pessoa bem informada!

300 *Há quanto tempo existe sexo?*

Há milhões de anos. Desde o início da vida!

301 *É igual em todas as culturas?*

Varia muito: as posições preferidas, os valores, os jeitos mais escolhidos de transar.

302 *Quais são as principais diferenças culturais?*

Vamos a um exemplo: no passado, na Grécia Antiga, a posição escolhida pela maioria das pessoas para o sexo vaginal era a mulher ficar de costas para o homem e ele penetrar por trás. Hoje, no Brasil e em quase todo o Ocidente, a posição mais comum é a "papai-e-mamãe": o casal de frente um para o outro, e a mulher por baixo. Isso tudo está descrito em livros de antropologia e de história da sexualidade.

303 *E que história é essa das posições do* Kama Sutra*?*

O *Kama Sutra* é um manual oriental de amor e sexo, escrito entre os séculos I e IV, e era considerado sagrado naquela cultura. Não era só "um livrinho de posições sexuais", mas muito mais do que isso. Entre os diversos capítulos, havia várias menções sobre diversas posições sexuais, além de jeitos de transar, de acariciar, de beijar etc.

304 *Quero saber mais sobre o* Kama Sutra. *Como é que é mesmo?*

Tá legal. Vamos dar mais detalhes: o *Kama Sutra* traz milhares de coisas curiosas de outra cultura bem diferente da nossa. Segundo os indianos, há exatamente 529 posições possíveis para a relação sexual, incluindo diferentes posições de braços e pernas e outros detalhes. Por exemplo, a posição *dhenuka*, traduzida como "congresso de uma vaca": a principal característica dessa posição é que a mulher fica sobre as mãos e os pés imitando uma vaca e o homem a penetra por trás como um touro. Diz o *Kama Sutra*: "Da mesma maneira, pode ser realizado o congresso de um cão, o congresso de um bode, a montagem forçada de um burro, o congresso de um gato, o congresso de um alce, o salto de um tigre, o abraço de um elefante, a massagem de um urso, a montagem de um cavalo. E em todos esses casos, as características desses diferentes animais devem ser manifestadas agindo ou produzindo sons como eles." E a gente? Deve copiar? Ou não? Acho melhor compreender de vez que isso faz parte de outra cultura, foi escrito em outra época... e pode até trazer idéias curiosas, mas segui-las ao pé da letra é uma outra história.

305 *Que história é essa de sexo tântrico?*

Tantrismo é uma filosofia milenar hindu que considera a união sexual entre homem e mulher como algo divino: ou seja, o sexo é visto como algo sagrado nessa cultura, e que requer todo um ritual. Esse ritual envolve preparação do ambiente, carícias, posições, toques, olhares etc. Tudo isso junto é o sexo tântrico.

306 *Quero saber mais sobre o tantra! Como é?*

Vamos lá: os tantras, segundo a filosofia indiana, são textos escritos há milhares de anos por amantes divinos, a deusa Shakti e seu amante Shiva. O ritual do sexo é chamado de *maithuna* e deve ser feito com muuuuuita calma e tempo disponível: pode levar até dias (!!!), segundo os estudiosos. Por aqui, diversos autores fizeram adaptações dos rituais de sexo tântrico para a nossa cultura ocidental (diminuíram o tempo, claro!). Se é bacana experimentar? Sei lá... Vai do gosto e da fantasia de cada um! Para saber com detalhes o passo a passo, há dezenas de livros sobre sexo tântrico nas prateleiras das livrarias. Para quem quer conhecer algo um tanto exótico, pode ser uma boa pedida.

307 *Ouvi dizer que, no passado, havia deuses do pênis. É verdade?*

É sim. Há muito tempo, no Antigo Egito, por exemplo, as pessoas acreditavam em deuses que as protegiam de diversos males e tinham seu poder simbolizado por pênis gigantescos. Para homenageá-los, eram feitas estátuas, adornos e festivais. Alguns nomes desses deuses: Príapo, Dionísio, Min, Baco, entre outros. Uma curiosidade: o nome priapismo (que é uma ereção que se mantém por muitas horas, tipo mais de seis horas, provocando sérios riscos para a saúde do pênis) vem de Príapo, esse deus do pênis, da procriação e da fertilidade, da mitologia grega.

308 *E hoje em dia ainda tem esse ritual do pênis?*

Tem sim. Há algumas regiões no Japão que ainda conservam esses costumes, mas o fazem de um jeito bem descontraído e folclórico: vários turistas aparecem para ver de perto, se divertir e comprar um objeto inusitado ou outro (tem caneca em formato de pênis, anel decorado com um pênis etc.).

309 *Afinal, tamanho é documento ou não?*

Não é não! O que interfere no prazer é o jeito de fazer sexo, a cumplicidade do casal, o envolvimento do momento. Ficar só valorizando essa coisa de tamanho é uma mentalidade antiiiiga. Está na hora de rever conceitos... e se modernizar!

310 *Que nomes o pênis tem em outra cultura que não seja parecida com a nossa?*

Na China, os meninos e as meninas aprendem em manuais de sexo nomes bem curiosos para o pênis. Um deles: Haste de Jade. Outro: Flauta do Amor. Românticos, não? E bem diferentes do que a gente ouve por aqui.

311 *E a vagina? Ganha nomes esquisitos também em outras culturas?*

Na filosofia tântrica, o nome da vulva é *yoni*. Diferente, não? Mais curioso que isso, só mesmo os nomes que a gente, aqui no Brasil, dá para ela: nomes de bichinho, apelidos infantilizados, palavrões... Por que será que há tanta dificuldade para falar a palavra "vagina"? É algo a se pensar...

312 *O que outras culturas pensam do esperma?*

O sêmen (ou esperma, que é o líquido que o menino ejacula) é considerado a base de toda a força masculina, de acordo com o *Kama Sutra*, o famoso manual hindu de amor e sexo. Até aí, tudo bem. Mas... o manual prega também que desperdiçar esse sêmen não é nada legal, e só vale a pena se o objetivo for engravidar a mulher. Traduzindo: segundo o *Kama Sutra*, não se deve ejacular nas relações sexuais apenas pelo prazer de chegar ao orgasmo. Nunquinha. Esse seria o segredo para a superpotência física masculina. Já os estudiosos daqui do Ocidente pensam um pouco diferente. Ainda bem. Já pensou ter de ficar segurando a ejaculação para sempre? Difícil. Muuuuito difícil.

313 *Qual a velocidade do jato da ejaculação?*

O jato da ejaculação atinge uma velocidade média de 40 km/hora, segundo pesquisadores. Rápido, não? Sabia também que o adulto jovem ejacula o equivalente a uma colher de chá? Isso na primeira da noite. Nas próximas (se houver próxima, não é?), a quantidade de esperma vai diminuindo, diminuindo... até sair quase nada. O motivo: o corpo masculino precisa de alguns dias para renovar seu estoque de sêmen.

314 *Quanto o garoto costuma ejacular?*

Pouco mais do que uma colher de chá de esperma é quanto o menino costuma ejacular a cada vez. E a primeira ejaculação do dia é sempre maior do que a segunda, a terceira, a quarta...

315 *Quantos espermatozóides o corpo masculino produz?*

O corpo masculino produz 3 milhões de espermatozóides por hora (é verdade!!!). Já imaginou? E se tudo isso não for eliminado pela ejaculação? Eles acabam se deteriorando e seus componentes são reabsorvidos pelo organismo.

316 *Quantos espermatozóides contém uma ejaculação?*

Cada ejaculação contém apenas 1% de espermatozóides. Os 99% restantes são líquidos das vesículas seminais e da próstata. Porém, esse 1% já é mais do que suficiente para engravidar a mulher.

317 *Qual a porcentagem de garotos que goza rápido?*

70% dos meninos são bem rapidinhos na hora do sexo. Este é um dado de uma pesquisa da Sociedade Brasileira de Estudos em Sexualidade Humana (SBRASH). Na hora da transa, quando vê, já foi. Isso mesmo: eles ejaculam em questão de minutos (ou segundos). Adivinha por quê? Tudo por causa de um único detalhe: a ansiedade. O garoto fica tão ansioso para experimentar o sexo, tão ansioso para descobrir a menina, tão ansioso para que tudo dê certo e... já era. Não dá nem para aproveitar direito. A dica é: meninos e meninas precisam relaxar. Ficar preocupado demais só atrapalha. Deixar rolar, sem encanações, é que é o grande segredo.

318 *Quantos homens têm ejaculação rápida?*

A cada dia cresce o time dos ejaculadores precoces. Segundo dados de pesquisadores da Sociedade Brasileira de Estudos em Sexualidade Humana (SBRASH), cerca de 25% a 35% dos maiores de 25 anos têm essa dificuldade. Sabe por quê? Os homens estão ansiosos demais. Ou com as mulheres, ou com a performance na cama, ou com o trabalho, ou com a boa forma, ou com qualquer outra área da vida. E a ansiedade é a principal causa da ejaculação precoce. Controlá-la é o segredo para passar mais tempo se divertindo na cama (e proporcionando diversão, claro!).

319 *Quantos orgasmos alguém pode ter na vida?*

Quantos a pessoa quiser!!! Todo mundo nasce com o potencial de ter mais ou menos 5 mil orgasmos durante a vida, segundo pesquisas. Mas... não é todo mundo que aproveita essa oportunidade, não. Segundo pesquisadores americanos, a média de orgasmos por ano é de 104 para quem tem 20 anos de idade, 121 aos 30 anos e 84 aos 40. Esse índice vai caindo, caindo, caindo... e aos 50 anos cai pela metade, quando o homem e a mulher atingem a marca de 52 orgasmos anuais (que pena!!!).

320 *Qual a duração do orgasmo?*

O orgasmo nada mais é do que uma seqüência de contrações musculares na região pélvica, que ocorrem a cada

0,8 segundo, durante um tempo máximo de 10 segundos. Esta é a média de duração do orgasmo das mulheres brasileiras, segundo os sexólogos. O dos homens também dura em média o mesmo tempo.

321 *Qual a duração dos orgasmos múltiplos?*

Beeeem menor do que a dos descritos acima. Eles ocorrem de outra forma: são uma seqüência de orgasmos bem mais curtos, que se espalham durante a relação. Só um detalhe: apenas 10% das mulheres nascem com a capacidade de ter orgasmos múltiplos. As outras 90%? Não adianta espernear, porque não terão. Orgasmo múltiplo é uma característica sexual de uma pequena parcela de mulheres, que nasce desse jeito. Não é algo que dê para adquirir com o tempo.

322 *Uma garota leva em média quanto tempo pra chegar ao orgasmo?*

Ihhh, isso varia muuito! Há quem chegue lá em poucos minutos, ou só depois de um tempão. Ou seja: varia de pessoa para pessoa, e também de um dia para outro. Enfim, não há regra. O que se sabe é que o orgasmo passa rápido: dura só de 8 a 10 segundos (e é uma pena quem só se preocupa com ele e não curte o prazer do que está rolando até lá).

323 *E qual a porcentagem de garotas que não consegue chegar lá?*

30% das mulheres têm dificuldade de chegar ao orgasmo, segundo estimativas da Sociedade Brasileira de Estudos em Sexualidade Humana. O principal motivo? Não sabem que o melhor jeito de descobrir o caminho para chegar lá é tocar o próprio corpo (com muita tranqüilidade e sem cobranças internas).

324 *Qual é o povo que mais chega ao orgasmo?*

Numa pesquisa feita em 41 países, a Durex Global Sex Survey/2004, o brasileiro se revelou como um dos povos que chega mais facilmente ao orgasmo nas relações: isso ocorre em 51% das vezes, contra os 35% da média mundial. Quem está no topo da lista são os italianos, que chegam lá em 61% das vezes.

325 *Qual é o povo mais sexy do mundo?*

A população brasileira foi considerada a mais sexy do planeta numa pesquisa envolvendo 150 mil pessoas de 34 países. Confira o *ranking*, segundo a pesquisa da Durex, empresa britânica fabricante de preservativos:
1º lugar: brasileiros;
2º lugar: norte-americanos;
3º lugar: franceses.

326 *Tem fórmula para ser sexy?*

A Fernanda escreveu um e-mail perguntando se há uma receita para ser sexy. Ela contou que se sente superinsegura toda vez que o clima esquenta com o namorado: "Eu queria ser mais sensual, ainda mais quando a gente começa o amasso e acaba rolando sexo. Mas acho que o que eu faço mesmo é pagar mico", desabafou. Fazer o quê? A primeira coisa é entender que não existe fórmula para ser sensual. Cada garota tem um jeito próprio – e o segredo é descobrir qual o seu. Como? Comece procurando gostar mais de si mesma: que tal olhar com atenção para suas qualidades e parar de ficar vendo defeito em tudo? Depois de enxergar o que você tem de bacana (e, com certeza, há muita coisa), ficará mais fácil encontrar a maneira de valorizar esses pontos altos. A sensualidade virá como conseqüência.

327 *Para outras meninas, o que é ser sexy?*

Confira o que pensam algumas garotas. Para elas, ser sexy é:
"...não ser vulgar. É ter um charme, um olhar, mas sem cair na vulgaridade. Isso faz uma diferença enorme." Katusha, 18 anos
"...se sentir bem a ponto de transmitir isso para as outras pessoas." Fernanda, 13 anos
"...saber se valorizar na medida certa. Ou seja, sem ser oferecida nem apelar com roupas que exibem o corpo em excesso." Natalie, 17 anos

328 *E para os meninos, o que eles consideram sexy?*

A Adriana, 14 anos, ficou interessada em descobrir os requisitos para a menina ser considerada sexy pelos garotos e lançou essa questão para os amigos dela. Recebeu váááárias dicas. Entre elas, os meninos contaram que, para a garota ser sensual, ela tem que...
...saber se vestir sem ficar vulgar;
...ter um jeito de olhar especial, que atrai outros olhares;
...não ficar caindo de bêbada na balada;
...ser bem-humorada;
...não ser "facinha" demais.

329 *Basta ter um corpo bacana?*

Não basta ter um corpo bacana, usar roupa transada e estar sempre com o cabelo liiindo. Para ser sensual, a garota precisa, na verdade, de um ingrediente só: ela precisa se sentir sexy. Se você só consegue enxergar defeitos no espelho e vive envergonhada de si mesma, isso é um péssimo começo. Está na hora de se olhar com mais carinho e descobrir a menina legal que você é. Daí para encontrar seu jeito especial de atrair um fã-clube vai ser num pulo.

330 *Qual o povo que mais transa no mundo?*

Uma pesquisa mundial encomendada pela Durex (empresa britânica fabricante de preservativos) revelou que o brasileiro faz sexo 113 vezes por ano!!! Nesse estudo foram entrevistadas 18 mil pessoas de todo o mundo, entre 16 e 55 anos. O Brasil ficou em quinto lugar no cenário mundial em relação à freqüência sexual. Confira o *ranking*:
1º lugar: Estados Unidos....132 vezes/ano;
2º lugar: Rússia....................122 vezes/ano;
3º lugar: França....................121 vezes/ano;
4º lugar: Grécia....................115 vezes/ano;
5º lugar: Brasil.....................113 vezes/ano.

331 *Quanto tempo homem e mulher levam em média fazendo sexo?*

Nós, brasileiros, gastamos 19,6 minutos, em média. Estamos em 21º lugar no *ranking* de 41 países. Confira os campeões segundo a pesquisa Durex Global Sex Survey/2004:
1º lugar: Ingleses (22,5 minutos);
2º lugar: Alemães (22, 2 minutos);
3º lugar: Irlandeses (21,8 minutos).

332 *Afinal, o que é melhor: sexo rápido ou demorado?*

Você decide! Não há uma regra sobre o que é melhor ou não: sexo rápido ou com loooongas preliminares. Cada pessoa decide o que prefere, e em que momento. Às vezes, a gente está com pique para algo demorado, outras vezes, não. O mais legal é sentir o clima do dia e experimentar os diversos tipos de situação.

333 *E quem está meio fora de controle?*

O Ricardo (o nome foi trocado para preservar a identidade dele), tem 17 anos e estava reclamando que ele costuma ser rápido demais. "A gente mal começa a se beijar e eu já ejaculo. Isso me incomoda, fico com vergonha da minha namorada, e sei que ela também não gosta. Mas não faço isso por querer. Na verdade, eu queria que fosse mais demorado", diz ele. Isso acontece com vários garotos e é causado em parte pela falta de costume de controlar a ejaculação, em parte por ansiedade. Mas dá para aprender a controlar. Tentar ficar mais calmo é o primeiro passo.

334 *O que acontece exatamente com o corpo na hora do sexo?*

Muita coisa! Pra começar, você sabia que desejo e excitação são sensações diferentes? E que orgasmo é mais diferente ainda? Cada uma delas é uma fase do que os sexólogos chamam de resposta sexual. Funciona assim:

- Fase 1 – Desejo: É a primeira etapa da resposta sexual. É aquela vontade gostooosa de beijar, abraçar, ficar juntinho...
- Fase 2 – Excitação: Nesta segunda etapa, o corpo sofre uma modificação. As mais visíveis e marcan-

tes: nas meninas, aparece uma lubrificação vaginal; nos meninos, ocorre a ereção. E, claro, tudo acompanhado de uma sensação de prazer.

- Fase 3 – Orgasmo: Quando o prazer chega ao máximo, a gente tem uma sensação forte que mais parece uma descarga de tensão. Em seguida, vem um profundo relaxamento. Nos meninos, isso é geralmente acompanhado da ejaculação (emissão do esperma, aquele líquido esbranquiçado que contém espermatozóides).
- Fase 4 – Resolução: Esta é a última fase da resposta sexual. Nesse momento, nosso corpo fica meio que amortecido e muuuito relaxado. É hora de descansar e saborear esse prazer.

335 *O que é o básico a saber sobre a fase do desejo?*

Aí vai uma curiosidade: nos meninos, o que mais desperta o desejo é o toque e o olhar. Ver uma cena ou uma pessoa estimulante é pra lá de eficiente para despertar a vontade de algo mais. Já as meninas se interessam muito quando outros sentidos estão em jogo. A audição é o principal: ouvir palavras bacanas, que estimulam a fantasia, é bem afrodisíaco para as garotas.

336 *O que é o básico a saber sobre a fase da excitação?*

Sem camisinha, nada feito! Ou seja, na hora do amasso, a primeira coisa a fazer é uma pausa para a camisinha. A hora certa de colocá-la é assim que o pênis ficar ereto. Não se esqueça dela! Esta é a única forma de a gente se prevenir contra as DST (doenças sexualmente transmissíveis) que existem aos montes por aí.

337 *O que é o básico a saber sobre a fase do orgasmo?*

Não vale a pena passar o tempo todo se preocupando com o orgasmo. Sabia que ele dura bem pouquinho, no máximo 10 segundos? Então, mais importante do que ficar esperando ansiosamente o tal clímax é relaxar e curtir o momento.

338 *O que é o básico a saber sobre a fase da resolução?*

O básico é: pra que pressa? Descansar abraçadinho pode ser sempre uma delícia! Mas tem mais: na fase de resolução, o corpo não responde a estímulos eróticos. Isso significa que: as mulheres não se excitam, os homens não têm ereção (mesmo que queiram muito!). E quanto tempo dura essa fase? Varia de pessoa para pessoa, mas, quanto mais jovem, mais rápido ela passa. Em homens adultos, por exemplo, costuma durar de 30 minutos a uma hora (esse é o tempo que ele precisa esperar para ter uma nova ereção). Já nos jovens, esse tempo pode cair para 15 minutos, por exemplo.

339 *Qual a idade média de iniciação sexual das garotas?*

15,5 anos é a idade média de iniciação sexual de 1.163 leitoras que responderam a uma pesquisa publicada no site de uma revista brasileira para adolescentes.

340 *Qual a idade média de iniciação sexual dos garotos?*

Uma pesquisa feita há pouco tempo pela Unesco com 16 mil alunos do ensino fundamental e médio em 14 capitais brasileiras mostrou que fica entre 13,5 anos e 14,5 anos a idade média de iniciação sexual dos meninos. A mesma pesquisa revelou que a das garotas fica entre 15 e 16 anos. Foram ouvidos jovens das seguintes cidades: Belém, Cuiabá, Distrito Federal, Florianópolis, Fortaleza, Goiânia, Maceió, Manaus, Porto Alegre, Recife, Rio de Janeiro, Salvador, São Paulo e Vitória. Detalhe importante: você só deve ter sua primeira vez na hora em que, de fato, se decidir (e não porque "todo mundo já fez"). Veja mais sobre isso no primeiro capítulo deste livro!

341 *O que as garotas costumam fazer nas primeiras experiências?*

Veja o que 364 leitoras responderam numa enquete no site de uma revista para adolescentes:
70% disseram ter tido experiências sexuais com penetração;
64% afirmaram já ter se masturbado;
32% contaram que já fizeram sexo oral;
20% revelaram ter feito sexo anal.
O que dizer sobre isso? Tocar o próprio corpo é saudável, porque ajuda a menina a se conhecer melhor. Sobre sexo oral e anal, não adianta topar isso ou aquilo só para agradar a quem está ao seu lado: você, principalmente, precisa sentir vontade! Quanto à idade ideal para a primeira vez, a resposta é: não há. Cada um é cada um. E cada um deve descobrir sua hora!

342 *O que garotos e garotas consideram que seja "a primeira vez"?*

Ao perguntar "Você já teve a primeira vez" a 792 adolescentes que procuraram o serviço de esclarecimento de dúvidas via telefone ou e-mail do Instituto Kaplan de Sexuali-

dade, 29% das respostas foram "Não". Esse é o resultado da pesquisa Práticas Sexuais na Adolescência/Instituto Kaplan, 2004. O curioso é que essas mesmas pessoas afirmaram que já:
...tiveram contato físico com os dois pelados – 31%;
...fizeram masturbação no(a) parceiro(a) – 28%;
...experimentaram sexo nas coxas – 20%;
...fizeram sexo oral – 17%;
...praticaram sexo anal – 2%.

343 *E o que esses garotos e essas garotas não sabem sobre a primeira vez?*

Apesar de a virgindade ser definida, no *Dicionário Houaiss*, como "condição da mulher que nunca teve relações de sexo vaginal", todas as práticas que listamos acima têm a ver com sexo. E podem ser consideradas primeiras experiências sexuais. Então, se você já experimentou (ou está planejando experimentar) qualquer prática sexual, é importante levar em conta pelo menos quatro coisas:
1. Camisinha tem que usar sempre (tanto no sexo oral e anal como no vaginal). Qualquer dessas práticas pode transmitir doenças, como aids ou HPV;
2. Ejaculação perto da vagina, mesmo que não tenha ocorrido penetração, pode levar à gravidez. É importante usar um método anticoncepcional;
3. Para escolher o melhor método para evitar a gravidez, só mesmo com uma visita ao médico. Encoraje-se e marque para ontem uma consulta com o ginecologista;
4. Para ficar com alguém dessa maneira íntima, é importante escolher beeeeem essa pessoa. Com alguém que seja de fato especial para você, tudo fica muito mais gostoso.

344 *De onde vem a palavra masturbação?*

A palavra tem uma origem nada positiva. É uma variação de "manustupração", que vem do latim *manus* (mão) e *stupratio* (ação de sujar, macular, manchar). Ou do grego *mastropeuein*, que significa prostituir. Visão negativa, né? Pois era assim que se pensava até dois séculos atrás, quando a palavra começou a ser usada. Felizmente, hoje as coisas evoluíram (muito!) e a masturbação é sinônimo de algo muito saudável e prazeroso. Ou seja: não faz mal algum se masturbar! Dica: dá para saber mais sobre o significado de algumas palavras interessantes no capítulo intitulado "Dicionário sexual", nas próximas páginas. Confira, pênis que vale a pena!

345 *Qual a porcentagem de garotas que se masturbam?*

56,7% das garotas revelaram que têm o hábito de se masturbar e 63,5% praticam a masturbação junto com o namorado (importante: tocar o próprio corpo é prática saudável, garantem os sexólogos). Quem levantou isso foi uma enquete feita no site de uma revista para adolescentes com 1.163 leitoras de 10 a 22 anos.

346 *Qual a porcentagem de garotas que sentem dor na penetração?*

15% das mulheres sentem dor durante a penetração, de acordo com estimativas dos médicos. Isso tem muito a ver com a hora certa de partir para a transa: o ideal é só depois de milhões de beijos e carícias. Com esse preaquecimento, o corpo feminino se prepara para receber o pênis sem incômodo nem dor.

347 *Qual a porcentagem de garotos que têm problemas sexuais?*

Uma pesquisa feita com quem tem mais de 18 anos (a pesquisa Estudo da Vida Sexual do Brasileiro/USP, 2003) revelou que: 46% já tiveram dificuldade de ter ereção e 56,4% já tiveram dificuldade de controlar a ejaculação. O Ricardo, 19 anos, contou que começou a namorar uma menina há pouco tempo e, quando foram transar, não conseguiu manter a ereção. "Agora isso já aconteceu mais de uma vez", confessa. "Acho que fico ansioso porque ela pensa que a culpa é dela. Ou que eu não gosto dela. Eu me sinto forçado a mostrar que não é isso. E me cobro uma atitude que acaba não acontecendo."

348 *Dá para lidar com isso?*

Falhar é coisa que pode acontecer com qualquer um. Encanar com isso é que complica as coisas. Quanto mais ansioso o garoto fica, maiores as chances de se dar mal. A ansiedade influi no mecanismo fisiológico da ereção e o pênis fica flácido. A dica? Aí vão três: 1. encarar com bom humor; 2. deixar pra lá; e 3. fazer de novo quando estiver bem a fim.

349 *O que mais causa dificuldade de ereção nos jovens?*

Mais da metade das causas de dificuldade de ereção nos jovens tem a ver com a ansiedade. Isso é o que informa uma pesquisa do Instituto Kaplan.

350 *Alguém já engravidou sem transar?*

A Fran (este nome foi trocado para preservar a identidade dela), 16 anos, contou para a gente que também achava que, sem a penetração na vagina não tinha cara de sexo. "Eu não transava com penetração, mas ele ejaculava perto e engravidei assim mesmo. Levei um susto, fiquei meses sem saber o que fazer e no fim abri o jogo com a minha mãe. Hoje a Gabi (o nome foi trocado também), minha filhinha, tem um ano. Eu a adoro, é claro. Mas também acho que ela podia ter demorado mais uns aninhos para chegar na minha vida."

351 *Quantos óvulos a mulher pode ter na vida?*

A mulher já nasce com uma certa quantidade de folículos ovarianos (que vão dar origem aos óvulos). E essa quantidade é grande: cerca de 2 milhões de folículos. Parte deles sofre atrofia durante a infância. Quando chega à puberdade, a garota conta com cerca de 500 mil óvulos. Destes, durante sua vida reprodutiva, cerca de 400 amadurecerão (um por mês, mais ou menos), podendo ser fecundados e dar origem a uma gravidez. Esse período de vida fértil da mulher (de liberação de um óvulo por ciclo menstrual) dura da puberdade até por volta dos 45 anos de idade.

352 *Desde quando existe pílula anticoncepcional?*

A primeira pílula anticoncepcional foi usada em 1959. De lá para cá, a indústria de medicamentos sofreu uma revolução e hoje há pílulas superlights, com dosagens bem baixas de hormônio, além da versão em injeção, em implante para colocar sob a pele, em dispositivo intra-uterino (DIU) e em adesivos ou anel vaginal. Diante disso tudo, pra que ser pega desprevenida por uma gravidez fora de hora? Garota esperta vai ao médico e escolhe um método para poder curtir o prazer de um jeito beeem despreocupado!

353 *E quando não tinha pílula? As mulheres apostavam no quê?*

Em muitos métodos, mas que nem sempre eram eficazes. Na Grécia Antiga, as mulheres acreditavam num curioso (e ineficaz) método anticoncepcional: prendiam a respiração, ficavam de cócoras e forçavam um espirro.

354 *E antes de existir absorvente, como as mulheres menstruadas faziam?*

No passado (e por milhares de anos), as mulheres tinham que apelar para uma faixa de pano amarrada com cordões para conseguir reter o fluxo da menstruação. O absorvente que a gente usa hoje só foi inventado na década de 30.

355 *Quando surgiu a camisinha?*

Camisinha é coisa antigaaaaa... Olha só a evolução, ao longo dos séculos, desse método para evitar doenças:
1200 a.C. – No Antigo Egito, os homens envolviam o pênis em tripas de animais para evitar as doenças vindas com o sexo.
Século XVI – O médico italiano Gabriel Fallopius sugere colocar um saquinho de linho amarrado com um laço em volta do pênis.
Século XVII – Ocorre uma volta do protetor feito com tripa de animais, agora desenvolvido pelo médico inglês conhe-

cido como doutor Condom, para evitar filhos bastardos do rei Carlos II (*condom* é a palavra em inglês usada hoje para designar camisinha).
Século XIX – Os primeiros preservativos de borracha aparecem no mercado: supergrossos, eram lavados após cada transa e reutilizados pelos homens várias vezes. Só eram jogados no lixo quando a borracha estragava.
Século XX – A camisinha evolui: em 1901 ganha reservatório para o sêmen (aquele espaço na ponta) e em 1939 começa a ficar mais fina, flexível e descartável.
Hoje – A camisinha está popularizada, há uma variedade de texturas e formatos e uma versão para as mulheres: a camisinha feminina.

356 *Quem é que usa camisinha hoje?*

Muita gente... mas mais de 1/3 dos jovens no Brasil ainda não usa camisinha! Foi o que constatou uma pesquisa recém-concluída que entrevistou garotos e garotas de 15 a 24 anos (a "Pesquisa de Conhecimento, Atitudes e Práticas Relacionadas às Infecções Sexualmente Transmissíveis na População Brasileira/2004", feita pelo Ministério da Saúde).

357 *E vale a pena arriscar?*

Com certeza, a resposta é não. Pra que correr risco de contrair uma DST, seja aids ou outra qualquer, se é possível ter uma atitude mais madura? Usar camisinha envolve coragem para negociar com o parceiro ou a parceira, segurança para fazer escolhas acertadas e uma boa dose de responsabilidade. Quem se sente pronta ou pronto para fazer sexo, precisa fazer um *check-list*, e ver se consegue mesmo colocar um OK diante de todos esses itens.

358 *E na primeira transa, os jovens usam ou não camisinha?*

65% dos jovens brasileiros usam preservativo na sua primeira transa. Confira o *ranking* mundial recém-divulgado em uma pesquisa do Ibope:
1º lugar: Inglaterra – 68% usam;
2º lugar: Brasil – 65% usam;
3º lugar: Canadá – 58% usam;
4º lugar: Alemanha – 57% usam;
5º lugar: Estados Unidos – 51% usam.

359 *E depois que o namoro fica sério, continuam usando?*

Uma parcela significativa das pessoas usa, sim. Porém, segundo informações do Ministério da Saúde, a maioria dos jovens abandona o preservativo no segundo ou terceiro mês de namoro. Isso é errado, você não acha? Na verdade, erradíssimo: a gente sabe que há risco de contrair aids (e outras doenças) a qualquer momento, com qualquer prática sexual (leia-se sexo anal, penetração vaginal e sexo oral).

360 *Qual o motivo de quem dispensa a camisinha depois de algum tempo?*

Quem dispensa a camisinha depois de algum tempo transando aponta dois motivos principais para isso: confiam no parceiro (53% dos entrevistados) ou usam outro tipo de anticoncepcional (11%), segundo pesquisa do Ibope. Mancada dupla: quando o assunto é prevenção de doenças, não dá para levar em conta só a confiança no namorado ou no ficante, nem achar que basta só se preocupar em evitar a gravidez e tudo certo. Na verdade, é preciso, também, evitar as DST (doenças sexualmente transmissíveis) usando camisinha, sempre!

361 *Mas tem motivo para voltar a usar?*

Claro que tem!!! Alguns vírus e bactérias podem permanecer durante anos encubados no nosso organismo, sem ninguém perceber, de acordo com os médicos. Até que, de repente, se manifestam numa fase de baixa resistência do corpo: se a garota (ou garoto) pegar um resfriado forte, por exemplo, ou ficar doente por outro motivo. Ou até mesmo se ficar deprê porque brigou com o namorado ou a namorada, foi mal nas provas, perdeu alguém querido etc. Isso é mais um motivo para acreditar que não basta confiar em quem está com você. Só com camisinha é que você evita contrair ou passar qualquer DST (doença sexualmente transmissível). Quanto à gravidez fora de hora, nós já falamos sobre isso N vezes, mas não custa repetir: a dupla infalível para não cair nessa é usar camisinha e anticoncepcional.

362 *Camisinha é caro?*

A gente já falou um pouco sobre isso no capítulo sobre uso de camisinha, mas vale repetir: o preço médio do pacote com três camisinhas, vendido nas farmácias brasileiras, é quase o equivalente ao preço de um refrigerante, ou dois, por exemplo. Se você não puder mesmo comprar, pode conseguir camisinha de graça nos postos de saúde espalhados pelo país.

363 *Quais os principais segredos sobre sexo seguro?*

Há dois segredos fundamentais:

1º – Sinais de alerta: É preciso estar sempre de olho na vagina e nos arredores: toda vez que doer, coçar, arder ou

aparecer uma feridinha ou verruga, vale uma visita ao ginecologista. Esses podem ser sinais de alguma infecção sexualmente transmissível. E quanto antes você procurar o tratamento, mais eficiente ele será.
2º – Kit erótico: Camisinha tem que fazer parte de seu kit erótico. Só assim você evita se contaminar com vírus e bactérias, que podem ser transmitidos até mesmo numa relação em que não ocorra a penetração (só de esfregar o pênis na vagina, por exemplo, já há risco de contaminação). Portanto, tenha vááárias camisinhas sempre à mão. Há modelos para todos os gostos e bolsos (as com aroma de frutas, por exemplo, são muito legais). Vale a pena conferir as novidades na farmácia mais próxima.

364 *Como o jovem mais contrai Aids?*

De diversas maneiras, mas, segundo dados do Ministério da Saúde, as principais formas de contágio para pessoas de 13 a 24 anos são:
1º lugar: Relações heterossexuais – 33,3% dos casos;
2º lugar: Uso de drogas injetáveis – 32,2% dos casos;
3º lugar: Relações homossexuais – 11,3% dos casos;
4º lugar: Relações bissexuais – 5,5% dos casos.

365 *Quem tem outra DST corre mais risco de pegar aids?*

Corre sim: a presença de alguma DST aumenta em até 18 vezes o risco de se contaminar com o vírus da aids, segundo a Organização Mundial de Saúde. Este é mais um motivo (fortíssimo!!!) para tratar logo qualquer DST (doença sexualmente transmissível) que aparecer.

366 *E quem pega mais o vírus da aids, homens ou mulheres?*

Na população adulta, a proporção de casos é de dois casos em homens para cada mulher, de acordo com o Ministério da Saúde. Já nos jovens de 13 a 24 anos essa proporção é diferente: de um para um! Ou seja, meninas: previnam-se! Meninos também!

367 *Como está a aids pelo mundo?*

Essa doença continua incomodando muita gente. O dado mais alarmante é: um jovem a cada 14 segundos se contamina com o vírus da aids no mundo. Sabe qual o recado? Ficar de olho aberto, não é? E usar camisinha, selecionar bem com quem vai ter um relacionamento íntimo etc. etc. etc.

368 *Não acredito! Será mesmo que alguém ainda pega aids hoje em dia?*

Acredite, sim! A Adriana (o nome dela foi trocado para preservar a identidade), 19 anos, contou que foi uma loucura na escola dela quando o pessoal ficou sabendo que uma colega da outra turma estava com aids. "Virou um comentário só e a menina até acabou saindo da escola", conta Adri. "Depois disso, acho que muita gente pensou melhor no que andava fazendo. Eu, pelo menos, parei de arriscar. Fiquei com muito medo, não só de pegar a doença, mas também de ser boicotada pelas minhas amigas, o que eu acho que aconteceu com ela." Ainda bem que a Adriana abriu o olho... Só um detalhe: essa história de boicote e preconceito é ridícula! Não tem nada a ver quem faz isso com outra pessoa (outro ser humano como você)!

369 *HPV mata?*

É uma doença séria, relacionada a outras que podem matar, sim. No Brasil, morre uma mulher por hora vítima de câncer de colo de útero – e o HPV está relacionado a 99% desses casos, segundo dados do INCA (Instituto Nacional do Câncer).

370 *Em que idade há mais risco de se pegar HPV?*

Entre 16 a 23 anos é a faixa etária de maior risco de contrair o HPV, segundo dados do Projeto HPV/2003, do Hospital Albert Einstein. Ou seja: cuidadooooo!

371 *Qual a porcentagem da população brasileira com esse vírus?*

O HPV atinge em média de 17% a 20% da população nacional. Esses dados, do Projeto HPV/2003, do Hospital Albert Einstein, se referem na maior parte a mulheres com menos de 25 anos de idade. Mais um motivo para você se prevenir desde já... Como? Usando camisinha, você já sabe, e mantendo hábitos saudáveis de higiene, entre eles não compartilhar sabonete nem toalha de banho. Ah, e escolhendo bem com quem você vai manter relações sexuais (isso vale para TODOS os momentos, você não acha?).

372 *No mundo, quantas pessoas têm alguma doença sexualmente transmissível?*

Muita gente: cerca de 350 milhões de pessoas têm alguma doença sexualmente transmissível. É assustador... e também motivo para a gente não esquecer NUNCA de se prevenir usando camisinha.

373 *Tem mesmo uma campanha contra sexo antes do casamento acontecendo fora do país?*

Tem, sim. Um grupo dos Estados Unidos resolveu ser partidário da abstinência sexual. Já imaginou? Eles acreditam que o ideal é não fazer sexo. Nunca. Aqui no Brasil, médicos e sexólogos recomendam algo um pouco diferente: o ideal é a seleção de parceiros. Ou seja, além de escolher (e bem) a hora certa para iniciar a vida sexual, você precisa selecionar muuuito com quem vai ter relações. Essa escolha é um dos critérios para garantir a saúde sexual e evitar o contágio de doenças, como a aids.

374 *Qual a porcentagem de jovens que topam sexo nas ficadas?*

Para 22% dos jovens, tudo bem rolar sexo em algumas ficadas. Já para 67% só deve rolar beijo na boca e, no máximo, passada de mão. Isso é o que revelou uma enquete feita por uma revista para adolescentes com 300 meninas e meninos de 12 a 18 anos de seis cidades brasileiras (São Paulo, Rio de Janeiro, Belo Horizonte, Brasília, Salvador e Porto Alegre).

375 *Por que muitas garotas não topam sexo?*

61% das meninas têm medo de ficar mal-faladas por ter transado com alguém, segundo a Pesquisa Jovens e Sexo, Ibope/Minesse 2003. Entre as garotas que nunca transaram, essa preocupação atinge 78% delas. Quem tem de 15 a 17 anos também encana muito com isso: é o principal medo de 76% das entrevistadas numa pesquisa recém-divulgada pelo Ibope. Detalhe: sexo é algo íntimo, ou seja, uma coisa só do casal!!! Então, ninguém deveria sair falando (mal ou bem) por aí.

376 *Quando topam, quais são as principais preocupações das garotas em relação ao sexo?*

Os principais temas e dúvidas que angustiam as garotas, segundo um levantamento que fiz com cerca de 100 meninas de 17 anos de cinco escolas de São Paulo, durante uma rodada de palestras sobre educação sexual, são:
1º lugar – questões sobre gravidez e o uso de anticoncepcionais;
2º lugar – questões sobre doenças sexualmente transmissíveis;
3º lugar – questões sobre a prática do sexo anal.

377 *E quais são as maiores dúvidas dos jovens sobre sexo?*

Fiz essa pergunta a mais de 500 garotos e garotas de 12 a 18 anos de cinco escolas de São Paulo, durante oficinas sobre educação sexual que realizei pelo Projeto *Capricho* Sexo Legal/2003-2004, e recebi 629 perguntas. Confira o *ranking*, com base nessas perguntas recebidas, dos principais temas que angustiam outros jovens como você:
1º lugar – Sexo seguro: camisinha, DST e Aids (21%);
2º lugar – Gravidez fora de hora: como evitá-la (17%);
3º lugar – Práticas: sexo oral, sexo anal e masturbação (17%);
4º lugar – Corpo: pênis, vagina, ereção, ejaculação (10,5%);
5º lugar – Dicas: posições, duração e freqüência sexual (9%);
6º lugar – A primeira vez: quando, como e com quem (7%);
7º lugar – Reações de prazer: o desejo e o orgasmo (7%).

378 *E sobre beijo na boca?*

Zero pergunta. Ninguém fez um comentário sequer sobre beijo na boca na pesquisa que eu fiz com 500 garotos e garotas sobre suas dúvidas mais íntimas. E agora fui eu quem ficou na maior da dúvida: será que todo mundo já sabe tudo sobre beijo na boca? Ou... será que tem gente que não considera essa prática como algo que tenha (tudo) a ver com envolvimento sexual?

379 *Enfim, o que menina e menino pensam um sobre o outro em relação ao assunto sexo?*

Propusemos às leitoras de uma revista para adolescentes que "entrevistassem" seus amigos. Olha só algumas das respostas e curiosidades de ambos:

- Menina – O que vocês sentem quando ejaculam?
  Garoto – Rola um arrepio.
- Menina – Como saber se o menino está a fim?
  Garoto – Se ele ficar esquentando as situações com amassos e beijos mais quentes, é porque ele está a fim de mais.
- Menina – Na primeira vez, dá para ele perceber que sou virgem?
  Garoto – Não, mas a melhor coisa é falar a verdade. Mentir é uma mancada!
- Menina – Os meninos preferem as virgens ou as experientes?
  Garoto – Um meio-termo é legal.
- Menina – Quando o garoto tira a virgindade da menina, dói nele?
  Garoto – Não dói.
- Menina – Os meninos se masturbam mesmo tendo uma vida sexual ativa?

Garoto – Claro! Porém, ocorre com menos freqüência, para guardar as forças, né?

- Menina – Que carinho a menina faz que mais excita vocês?
  Garoto – Pode ser em qualquer lugar, tipo na nuca e na barriga, ou uma respiração ofegante no ouvido. Varia muito.
- Menina – Vocês acham ruim quando a gente goza antes de vocês?
  Garoto – É ótimo! Mas nem toda garota tem orgasmo... e a gente sabe que é difícil mesmo!
- Menina – Por que o pênis não fica ereto às vezes?
  Garoto – Porque o menino não deve estar à vontade. Ou fez algo antes sozinho (ou com alguém) e está sem vontade.
- Menina – Vocês têm receio de tirar a virgindade das meninas?
  Garoto – Eu acho que temos que fazer com mais carinho. Mas nada de receio. Se ela está lá, é porque ela também quer.

DICIONÁRIO SEXUAL

Capítulo **12**

Eu não nasci sabendo.
Como me arrepender?

Marina Lima, em "A Não Ser Você".

Este capítulo é para facilitar a vida de quem fica meio perdido(a) com tanta palavra curiosa em relação ao sexo: anorgasmia, cunilíngua, felação, frigidez, glande, pompoarismo, sêmen, e por aí vai. Consulte aqui possíveis significados para esses e mais alguns termos interessantes em torno de sexo e sexualidade. Pode até ter coisa que você já sabe o que é... mas tenho certeza de que sempre vale a pena saber um pouco mais!

380 *O que é AIDS?*

É uma doença sexualmente transmissível que ainda não tem cura. Há controle: os medicamentos estão cada vez mais avançados e eficazes. Além de o vírus HIV, o causador da aids, ser transmitido pelo sexo de risco (ou seja, sem camisinha), outra principal forma de contaminação é pelo uso de drogas injetáveis (compartilhamento de seringas). É importante saber que aids não se pega com abraço, aperto de mão nem demonstração de afeto. A doença pode ser contraída quando há contato principalmente com sangue, esperma e secreções de uma pessoa infectada com o vírus.

381 *O que é AFRODISÍACO?*

Usa-se "afrodisíaco" quando se fala daquilo que é excitante e que estimula o desejo sexual. A palavra vem de Afrodite, nome da deusa grega do amor.

382 *O que é ANORGASMIA?*

É ausência de orgasmo: é o nome que os especialistas dão quando a pessoa tem dificuldade para consegui-lo. Sabe a boa notícia? Tem solução para esse problema. Uma dica: conhecer melhor o próprio corpo, ficar bem tranqüila na hora H e não se cobrar demais já ajuda muito. E se nada der certo? Visitar um terapeuta sexual dá excelentes resultados.

383 *O que é ANTICONCEPCIONAL?*

Mais conhecido como pílula, é um dos métodos para evitar a gravidez. O anticoncepcional pode também ser usado em outras versões: injeção, por exemplo. Quem recomenda o melhor para você? O médico! Vá ao ginecologista e decida com ele qual o método mais indicado para você.

384 *O que é BEM-DOTADO?*

É quando o sujeito tem um pênis enoooooorme. Mas, peraí: será que isso é importante para alguma coisa? Será que tamanho é documento? Nããããããão! Melhor do que ficar se preocupando em ter ou não um pênis gigante é valorizar o que realmente importa na relação sexual: a troca de carícias (saber como dar prazer e como sentir prazer) e de afeto entre o casal.

385 *O que é BISSEXUALIDADE?*

É atração erótica (desejo) por pessoas de ambos os sexos: por homens e por mulheres.

386 *O que é BRINQUEDO ERÓTICO?*

Nome que se dá a alguns produtos vendidos em *sex shops*, como massageadores (usados para massagear o clitóris) ou vibradores (objetos em formato de pênis, e que vibram).

387 *O que é BOM DE CAMA?*

Será que isso existe? Ou não passa de um mito? Na verdade, esse termo "bom de cama" não é lá muito bacana de ser usado. Afinal, ele quer dizer exatamente o quê? Que a pessoa transa muito? Que chega ao orgasmo N vezes? Ou o que mais? Na verdade, isso tudo é bobagem. Se for para a gente definir "bom de cama" mesmo, eu ficaria com a seguinte definição: é aquela pessoa que entende que sexo é troca de afeto, de carinho, de prazer e, acima de tudo, respeito, tanto a si mesmo (aos seus desejos, suas expectativas, seus limites) como à pessoa que está ao seu lado.

388 *O que é CAMISINHA?*

É o preservativo: um artefato de látex extrafino usado para proteger a região genital e evitar o contágio das doenças sexualmente transmissíveis. Hoje há dois tipos: a clássica camisinha masculina e a mais recente, a camisinha feminina.

389 *O que é CARÍCIA?*

As carícias são os toques eróticos. Tudo o que se faz para explorar o próprio corpo e o corpo do outro com o intuito de dar e receber prazer.

390 *O que é CLITÓRIS?*

É o principal órgão do prazer feminino. Fica logo acima do orifício de entrada da vagina. Acariciá-lo é uma das principais maneiras de a mulher atingir o orgasmo.

391 *O que é COITO INTERROMPIDO?*

É a prática de retirar o pênis da vagina antes de o garoto ejacular. O problema é que essa prática, muito usada com o objetivo de evitar a gravidez, não é nada segura. Há alto risco de a menina engravidar, pois, antes mesmo de ocorrer a ejaculação, sai do pênis uma gota de líquido que já pode conter espermatozóides (e quase ninguém percebe isso). Mais: essa prática não evita as doenças sexualmente transmissíveis, o que só pode ser feito usando camisinha. Então, a dica é: evite o coito interrompido. Prefira a camisinha: é mais segura e ainda protege contra doenças sexualmente transmissíveis.

392 *O que é COMPULSIVO SEXUAL?*

É a pessoa viciada em sexo. Ela, literalmente, "só pensa naquilo". Não se trata apenas de sentir muito desejo, como ocorre com a maioria dos jovens. É algo mais complicado: a pessoa passa o dia inteiro criando situações para ter relações sexuais e/ou masturbações e, mesmo tendo acabado de chegar ao orgasmo, não se sente satisfeita. Não importa se transou uma, duas ou dez vezes no dia, a sensação é de que o sexo não a satisfez, não foi bom o suficiente. O sexo acaba se tornando algo que angustia, que incomoda – e não uma prática prazerosa como deveria ser. É importante, nesses casos, buscar ajuda de um psicólogo ou terapeuta sexual.

393 *O que é CELIBATO?*

É quando a pessoa se mantém solteira. Celibatário é aquele que não se casou.

394 *O que é CIRCUNCISÃO?*

É a cirurgia que corta parte do prepúcio, ou seja, a pele que recobre a glande (a cabeça do pênis). Circuncisão, em geral, refere-se a essa prática que faz parte da iniciação religiosa judaica. Em outras culturas, em alguns casos, ocorre também uma cirurgia de retirada do prepúcio: como quando ele existe em excesso e acaba estrangulando a cabeça do pênis na hora da ereção. Esse problema chama-se fimose (e é recomendada a cirurgia para solucionar a questão).

395 *O que é CUNILÍNGUA?*

É o sexo oral feito na mulher. Vale lembrar: camisinha também é importantíssima no sexo oral, seja no homem ou na mulher (nesse caso, usa-se a camisinha feminina), para evitar o risco de contágio das infecções sexualmente transmissíveis.

396 *O que é DESEJO?*

É o que os sexólogos chamam de primeira fase da resposta sexual. Ou seja: podemos dizer que é o começo do sexo. Sinaliza que a pessoa está a fim.

397 *O que é DISFUNÇÃO ERÉTIL?*

É a dificuldade de ter ou de manter a ereção. Vale lembrar: falhar de vez em quando é perfeitamente normal. Uma falhada ou outra acontece com todo mundo e não vale a pena ficar encanado com isso.

398 *O que é DISPAREUNIA?*

O mesmo que dor durante a penetração vaginal. Cerca de 10% a 15% das mulheres têm dispareunia, ou seja, sentem dor durante a penetração. Tem tratamento: é só buscar ajuda de especialistas (ginecologista e terapeuta sexual).

399 *O que é DST?*

É a sigla de doença sexualmente transmissível. Trata-se de doenças que podem ser transmitidas durante a relação sexual, como herpes, HPV, aids e mais uma lista enorme. Ou seja: a gente precisa usar – sempre – a camisinha.

400 *O que é EJACULAÇÃO?*

Ejaculação ocorre quando o menino chega ao máximo do prazer. É o ato de lançar um líquido esbranquiçado (chamado de sêmen ou de esperma) que contém espermatozóides.

401 *O que é EJACULAÇÃO PRECOCE?*

Ejaculação rápida ou precoce é quando a ejaculação ocorre bem rapidinho. Ou seja, não dá tempo de curtir um pouco mais. Às vezes o menino mal começou a dar um beijo ou a fazer uns carinhos a mais e não consegue se controlar: já ejacula. Isso pode ser considerado ejaculação rápida ou precoce. Tem tratamento: um dos principais objetivos é procurar controlar melhor a ansiedade que dá nessa hora H.

402 *O que é EJACULAÇÃO FEMININA?*

Seria o ato de a menina expelir um certo líquido bem na hora do orgasmo. Mas há controvérsias: uma parte dos sexólogos garante que isso é possível, mas outros afirmam que não: tudo não passa do líquido lubrificante natural do corpo feminino, que às vezes sai da vagina por causa das contrações do orgasmo.

403 *O que é EREÇÃO?*

É um mecanismo que faz com que o pênis se encha de sangue e aumente de tamanho. Tudo ocorre quando há desejo e excitação sexual. Detalhe: ansiedade atrapalha, viu? O melhor é não se preocupar com a ereção... e apenas deixar rolar.

404 *O que é EXCITAÇÃO?*

É o que os especialistas chamam de segunda fase da resposta sexual. Ocorre depois do desejo (que é a vontade de fazer sexo). A excitação é uma sensação de prazer.

405 *O que é EXIBICIONISMO?*

Há as pessoas que sentem prazer em olhar (leia a pergunta sobre VOYEURISMO); e outras que sentem grande prazer em se exibir eroticamente para outras: isso é o exibicionismo. O problema é quando isso toma proporções exageradas. Aí é preciso buscar a ajuda de um psicólogo.

406 *O que é ESMEGMA?*

Ocorre quando pequenas glândulas sob o prepúcio (aquela pele que recobre a cabeça do pênis) liberam uma substância parecida com ricota (isso mesmo!). Isso é esmegma, que precisa ser retirado para evitar infecções. Para isso, na hora do banho, é preciso puxar o prepúcio para trás e retirar o esmegma que se acumula ao redor da cabeça do pênis.

407 *O que é ESPERMA?*

O mesmo que sêmen: é o líquido ejaculado pelos homens, que contém os espermatozóides.

408 *O que é ESPERMATOZÓIDE?*

É a célula reprodutora masculina: a célula sexual dos homens, responsável pela reprodução.

409 *O que é FALO?*

Esta palavra vem do grego *phallós*, que significa "pênis".

410 *O que é FANTASIA SEXUAL?*

Fantasiar é imaginar cenas e situações eróticas excitantes e prazerosas. Uma fantasia é algo que está na nossa imaginação. Algumas a gente coloca em prática. Outras, não: é melhor quando elas ficam exatamente onde estão. Ou seja, na imaginação.

411 *O que é FELAÇÃO?*

É o sexo oral feito no homem. Vale lembrar: camisinha também é importantíssima no sexo oral, para evitar o risco de contágio das infecções sexualmente transmissíveis.

412 *O que é FIMOSE?*

Ocorre quando o prepúcio (aquela pele que recobre o pênis) cresce demais e começa a incomodar. Vale uma visita ao urologista para que ele avalie se há ou não a necessidade de retirá-la com uma pequena cirurgia.

413 *O que é FREQÜÊNCIA SEXUAL?*

É o número de vezes em que a pessoa costuma fazer sexo. Pode ser medida por semana, por mês, por ano...

414 *O que é FRIGIDEZ?*

Palavrinha péssima essa, não acha? No popular, era usada no passado em relação à pessoa que não sentia nem prazer nem nada na cama. Dizia-se que essa pessoa era "frígida".

Hoje, o termo caiu em desuso entre a população. Ainda bem! Vale saber: todo mundo tem potencial para sentir prazer. Uma das dicas é: procurar conhecer melhor o próprio corpo (aqui entra a masturbação). Mas, se estiver muito difícil de sentir prazer, pode ser bacana buscar a ajuda de um especialista. No caso, um terapeuta sexual.

415 *O que é FORNICAR?*

O mesmo que manter relações sexuais. Mas esse termo é beeeem do passado e não está mais sendo usado atualmente.

416 *O que é GENITAL?*

Os genitais são os órgãos sexuais. Há os genitais externos: vagina e clitóris na mulher; pênis e saco escrotal (onde ficam os testículos) no homem. E os genitais internos: ovários, trompas, útero, na mulher; próstata, no homem.

417 *O que é GINECOLOGISTA?*

É o médico das meninas, que cuida da região genital e dos possíveis problemas que ocorram por ali. É preciso visitá-lo com freqüência (a cada seis meses ou uma vez por ano) para ver se está tudo OK. Ginecologia é o ramo médico que cuida do aparelho reprodutor feminino. A palavra vem do grego *gynaiko*, que significa "mulher", "fêmea".

418 *O que é GLANDE?*

É a cabeça do pênis. A glande é uma das partes mais sensíveis do corpo masculino. Tocar ali dá um imenso prazer.

Mas também pode incomodar. A dica é: as carícias na glande devem ser bem suaves.

419 *O que é GRAVIDEZ PRECOCE?*

É aquela gravidez que ocorre completamente fora de hora, como na adolescência. Se ocorrer, é importante que a garota procure uma pessoa adulta de confiança e um ginecologista para ajudá-la a lidar melhor com a questão.

420 *O que é HÍMEN?*

É uma dobra de membrana que recobre o orifício da vaginal. É tipo uma pele que fica bem na entrada da vagina. Em geral, o hímen se rompe com facilidade durante a penetração (mas nem sempre causa dor: isso varia de pessoa para pessoa!). Há vários tipos de hímen e o mais comum é o anular: ele tem um pequeno orifício no meio por onde escoa o sangue da menstruação enquanto a menina ainda é virgem (ou seja: não teve seu hímen rompido). Segundo o *Dicionário Etimológico* (de origem das palavras), o nome hímen vem do grego *hymenénos*, que significa "membrana que envolve algum órgão do corpo", e é próximo do grego *hyménaios*, que significa "casamento". Interessante, você não acha?

421 *O que é HOMOSSEXUALIDADE?*

É a atração erótica (desejo sexual) por pessoas do mesmo sexo. Obs.: não é doença! Trata-se apenas de desejo sexual por pessoas do mesmo sexo.

422 *O que é HPV?*

Sigla para Papiloma Vírus Humano, uma doença sexualmente transmissível que costuma provocar verrugas e feridas na região da vagina, do ânus e do pênis, entre outros locais. A dica é: se perceber esses sintomas, corra para o médico (ginecologista para as meninas e urologista para os meninos).

423 *O que é IMPOTÊNCIA?*

Hoje os especialistas quase não usam mais este termo: preferem dizer disfunção erétil. O que significa? É a dificuldade de ter ou de manter a ereção. Tem tratamento para todos os casos!!! Basta buscar a ajuda de um médico, que avaliará se o problema é físico, e, caso seja de fundo emocional, o encaminhará para um psicólogo (terapeuta sexual).

424 *O que é INCESTO?*

É a relação sexual entre parentes bem próximos (pessoas do mesmo sangue, tipo irmãos). Na nossa cultura, fazer isso é algo que deve estar fora de cogitação!

425 *O que é INFERTILIDADE?*

É quando a pessoa não pode gerar filhos. O *Dicionário Houaiss* traz o termo "estéril" como sinônimo para "infértil": "que não gera filhos".

426 *O que é INFLAMAÇÃO PÉLVICA?*

É uma alteração na região dos genitais. É preciso buscar um médico ao sinal de qualquer alteração, incômodo ou dor.

427 *O que é IST?*

É uma nova sigla para as doenças sexualmente transmissíveis. Alguns especialistas passaram a adotar IST como sigla para infecções sexualmente transmissíveis. Por quê? Entre outras coisas, para tirar aquele preconceito que palavras como "doenças sexualmente transmissíveis" carregam. Só falta agora que as pessoas se conscientizem de vez da importância de se prevenir e usar camisinha sempre, em qualquer tipo de prática sexual (leia-se: sexo oral, sexo anal e penetração vaginal).

428 *O que é JOGO ERÓTICO?*

Tudo aquilo que a gente faz para seduzir, despertar o desejo sexual e dar prazer um ao outro.

429 *O que é* KAMA SUTRA*?*

Manual hindu de amor e sexo, escrito entre os séculos I e IV. Na cultura hindu, o ato sexual é visto como algo sagrado. O manual foi traduzido para línguas do mundo todo e traz sugestões de como se comportar no relacionamento a dois, tanto no dia-a-dia como no sexo (há posições eróticas e uma variedade de outras dicas). Há várias versões traduzidas do *Kama Sutra* nas prateleiras das livrarias.

430 *O que é KEGEL?*

É o sobrenome do médico Arnold Kegel, um ginecologista famoso nos anos 50 que começou a receitar para suas clientes alguns exercícios para fortalecer a região vaginal. Foi um sucesso: os exercícios de Kegel são sugeridos até hoje para melhorar a saúde (previne incontinência urinária e flacidez pós-parto) e também para a pessoa ter mais prazer (ajuda a mulher a perceber melhor a região vaginal e a ter mais controle dos movimentos dessa área do corpo). Há quem afirme que tais exercícios ajudam a aumentar o prazer sexual (pois a mulher passa a se perceber melhor). São exercícios simples: basta contrair e soltar a musculatura vaginal, entre outros.

431 *O que é LÁBIO VAGINAL?*

Os lábios vaginais ficam em volta do orifício de abertura da vagina. São dobras de pele que recobrem essa abertura. Há os pequenos lábios (mais internos) e os grandes lábios (que ficam mais aparentes).

432 *O que é LÉSBICA?*

É a mulher homossexual. Detalhe: homossexualidade NÃO é doença (nem "coisa errada", "coisa feia", "coisa suja" ou sei lá mais o quê). E eu também não gosto muito da palavra "lésbica". Acho que tem muita gente que carrega de preconceito essa palavra... Prefiro a palavra "homossexual".

433 *O que é LIBIDO?*

Costuma-se usar na mídia como sinônimo para tesão ou desejo sexual. No uso popular, seria o mesmo, então, que vontade de fazer sexo.

434 *O que é MASOQUISMO?*

É sentir prazer com o próprio sofrimento. Trata-se de algo que foge ao convencional e talvez seja necessário a pessoa buscar a ajuda de um especialista, como um psicólogo ou terapeuta sexual.

435 *O que é MASTURBAÇÃO?*

Ato de tocar o corpo com as mãos para sentir prazer sexual. Não é feio, não é sujo, não é errado. Pelo contrário: tocar o próprio corpo é saudável e uma das principais maneiras de descobrir o caminho para o orgasmo. Também não vicia, não faz mal à saúde, não causa pêlos na mão nem espinhas no rosto. Isso tudo não passa de mitos.

436 *O que é MASTURBAÇÃO MÚTUA?*

Quando os dois se acariciam mutuamente (tocam os genitais um do outro para obter mais prazer). A masturbação mútua costuma ser uma prática usada para "preaquecer" o casal para a relação sexual com penetração.

437 *O que é MENARCA?*

É o nome que se dá à primeira menstruação. Ocorre em geral por volta dos 12 ou 13 anos de idade. Mas há casos em que a menina menstrua mais cedo (com 9 ou 10 anos) ou mais tarde (com 14, 15 ou 16 anos, por exemplo).

438 *O que é MENSTRUAÇÃO?*

Todos os meses, um óvulo da menina fica pronto para ser fecundado pelo espermatozóide do menino. Se isso ocorre, surge uma gravidez. Quando isso não ocorre, vem a menstruação. A menstruação é a eliminação pela vagina de uma espécie de mucosa que se forma todos os meses no útero.

439 *O que é MONTE DE VÊNUS?*

Também chamado de monte púbico, é aquela proeminência feminina cheia de pêlos que a gente vê quando está de pé (nua) em frente ao espelho. Fica acima do osso púbico, entre o abdome e o clitóris. Funciona como um "amortecedor" para a transa: ameniza o impacto dos movimentos da penetração na vagina se o casal está na posição do tipo *papai-e-mamãe* (um de frente para o outro).

440 *O que é NINFOMANIA?*

É chamada de ninfomaníaca a mulher que tem compulsão por sexo. Ou seja: ninfomania é a procura por sexo de uma maneira exagerada (além do que é considerado "normal").

441 *O que é ONANISMO?*

Essa palavra é usada como sinônimo de masturbação. Mas, na verdade, esse uso é tido pelos estudiosos como uma confusão histórica: no Gênese, capítulo 38, Onã (de onde veio a palavra onanismo) é obrigado a manter relações sexuais com a cunhada após a morte de seu irmão, tudo para gerar um descendente. Mas ele preferiu ejacular fora da vagina da cunhada. Daí veio a palavra "onanismo": dessa relação sexual de Onã em que a ejaculação ocorreu fora da vagina. Ou seja: onanismo (ejacular fora) é, na verdade, distinto de masturbação (que é a obtenção de prazer pelas carícias com as mãos nos genitais). A confusão em usar as palavras como sinônimos se estabeleceu pelo fato de ambas as práticas levarem à perda do sêmen: tanto no caso de Onã quanto na masturbação, o sêmen ejaculado é "desprezado".

442 *O que é ORGASMO?*

É uma sensação de intensa excitação e prazer, seguida de um profundo relaxamento. Também é chamado de clímax. Segundo os sexólogos, é a terceira fase da resposta sexual: tudo começa com o desejo (primeira fase da resposta sexual), depois vem a excitação (segunda fase) e, em seguida, o orgasmo (terceira fase). Depois dele viria a quarta e última fase, a resolução (em que o corpo entra em um estado de profundo relaxamento).

443 *O que é ORGASMO MÚLTIPLO?*

Há mulheres que têm um grande orgasmo no final da relação. Outras têm pequenos orgasmos ao longo dela. Esses são os orgasmos múltiplos. Apenas 10% das mulheres, segundo estudiosos, nascem com a característica de ter esses orgasmos múltiplos. As outras 90% têm um só, ao final da transa. Mas nada impede que, depois de chegar lá, elas retomem as carícias em busca de mais um, dois...

444 *O que é ORIFÍCIO VAGINAL?*

É a abertura da vagina. Em geral, mede 2,5 centímetros de diâmetro. No dia-a-dia, as paredes da vagina ficam coladas e a gente quase não percebe esse tamanho do orifício. Quando a mulher se excita, entretanto, a vagina se alarga (e chega aos 2,5 centímetros de diâmetro). E também se lubrifica e se aprofunda (ou seja, dobra de tamanho, passando de 8 centímetros de profundidade, em repouso, para 16 centímetros em média, quando a mulher se excita). Tudo isso para receber o pênis, com prazer e sem dor.

445 *O que é OVÁRIO?*

Os ovários (um fica do lado esquerdo e o outro do lado direito) fazem parte do aparelho genital interno feminino. Além de secretar hormônios, é o local onde ficam armazenados os óvulos. Uma vez por mês, um dos dois ovários da mulher libera um óvulo, que pode ser ou não fecundado pelo espermatozóide.

446 *O que é ÓVULO?*

É a célula feminina de reprodução. Quando é fecundado pelo espermatozóide (que é a célula masculina de reprodução), evoluirá para a formação de um bebê.

447 *O que é PENETRAÇÃO VAGINAL?*

Introdução do pênis na vagina. Para não doer, a garota precisa estar bem tranqüila, relaxada e, ao mesmo tempo, excitada. Só assim seu corpo se prepara para receber o pênis: a vagina se alarga, se aprofunda e se lubrifica, tornando tudo prazeroso.

448 *O que é PÊNIS?*

Órgão sexual masculino. Mas o que todo rapaz quer saber é: quanto deve medir o pênis. Sabe a resposta? Não há regra. Um pênis ereto com mais de 9 centímetros já é considerado normal. Detalhe: o pênis dos garotos cresce até por volta dos 17, 18 anos de idade. E o tamanho médio do pênis do adulto brasileiro é de 14,5 centímetros em ereção (ao contrário do que muito homem pensa, pois acha que deveria ser "muito maior"). Vale lembrar: tamanho não é documento!!!

449 *O que é PÍLULA DO DIA SEGUINTE?*

É a pílula indicada para as situações de emergência, como quando a camisinha estourou, ou em casos delicados, como após um estupro. São duas pílulas. O melhor é serem tomadas até 24 horas após a relação sem proteção (ou seja: o quanto mais rápido, melhor). Mas não é para ficar tomando a toda hora: só vale para as situações de emergência mesmo. Caso contrário (se usar constantemente), pode fazer mal ao organismo.

450 *O que é POMPOARISMO?*

É uma técnica que traz uma série de exercícios para fortalecer a musculatura da região da vagina e, com isso, promete garantir mais prazer à mulher e ao parceiro. Os exercícios de Kegel (veja a pergunta sobre o que é KEGEL), sugeridos em consultórios de ginecologia, têm muitas coisas similares ao pompoarismo: ambos trazem exercícios de contração e soltura da musculatura da vagina, para fortalecê-la. Uma diferença é que o pompoarismo, na sua cultura de origem (no Oriente), é muito usado para shows eróticos: por exemplo, a pompoarista se exibe jogando longe uma bolinha de pingue-pongue com a vagina (tem até filme que brinca um pouco com essa história).

451 *O que é PRELIMINAR?*

Carícias preliminares são os abraços, os toques, os carinhos, os beijos na boca e tudo o mais que as pessoas fazem com o objetivo de esquentar o clima para o sexo.

452 *O que é PONTO G?*

Há controvérsias sobre o Ponto G. Alguns estudiosos acreditam que seja um ponto bem lá dentro da vagina que, ao ser tocado, surte um enorme prazer. Porém, grande parte dos especialistas acredita que esse tal ponto não existe. De qualquer forma, tem até um descobridor: um ginecologista alemão, Ernest Gräfenberg, foi quem em 1944 apresentou estudos iniciais sobre isso. O nome vem daí: mais tarde, em 1982, dois americanos publicaram um trabalho científico sobre o assunto e cunharam o nome Ponto G, em homenagem a Gräfenberg.

453 *O que é POLUÇÃO NOTURNA?*

Trata-se dos chamados "sonhos molhados", ou seja, quando o menino tem uma ejaculação durante a noite de sono.

454 *O que é RESOLUÇÃO?*

Essa é o que os especialistas chamam de quarta e última fase da resposta sexual. Ocorre depois do orgasmo. Tudo começa com o desejo, em seguida vem a excitação, depois o orgasmo e, por fim, a resolução. É um período de profundo relaxamento, em que a gente só quer descansar. Nessa fase, o corpo dos meninos e das meninas começa a voltar ao estado de repouso, ou seja, ao jeito como estava antes de começar a sentir prazer.

455 *O que é SADISMO?*

É sentir prazer sexual com o sofrimento alheio. Trata-se de algo que foge ao convencional e talvez seja necessário a pessoa buscar a ajuda de um especialista, como um psicólogo ou terapeuta sexual para lidar melhor com a questão.

456 *O que é SADOMASOQUISMO?*

Também identificada pela sigla SM, é uma atividade em que se mistura sadismo (ver SADISMO) e masoquismo (ver MASOQUISMO). Ou seja, quando a pessoa sente prazer sexual em provocar sofrimento em outros (que é o sadismo) e também em sofrer (que é o masoquismo). Pode-se dizer que é uma atividade sexual em que uma pessoa domina a outra ou inflige-lhe dor. Assim como o sadismo ou o masoquismo, trata-se de algo que foge ao convencional, e talvez seja necessário a pessoa buscar a ajuda de um psicólogo ou terapeuta sexual.

457 *O que é SECREÇÃO VAGINAL?*

Em geral, a vagina libera um líquido lubrificante natural quando a mulher entra na fase da excitação. Esse líquido é produzido pelo corpo feminino para facilitar os movimentos da penetração (do pênis na vagina).

458 *O que é SÊMEN?*

Também conhecido como esperma, é um líquido produzido pelas glândulas reprodutoras masculinas que carrega os espermatozóides. Trata-se do líquido que é lançado para fora do corpo quando o homem chega ao máximo de prazer sexual (o ato de lançar esse sêmen ganha o nome de ejaculação).

459 *O que é SEMENARCA?*

É o nome que se dá à primeira ejaculação do menino. Ocorre por volta dos 12 ou 13 anos.

460 *O que é SENSUAL?*

Segundo o *Dicionário Houaiss*, sensual é quem desperta desejos sexuais. De acordo com o *Dicionário Aurélio*, a palavra sensualidade também é definida como intenso prazer sexual. A gente pode entender que sensualidade tem a ver, portanto, com despertar desejos nos outros e, ao mesmo tempo, sentir prazer com isso. Vale lembrar: sensualidade é coisa que vem de dentro: é sexy quem, antes de tudo, se sente sexy!

461 *O que é SEXO?*

É usado como sinônimo para relação sexual. É o ato sexual em si, ou o contato dos genitais de duas pessoas.

462 *O que é SEXUALIDADE?*

Os educadores costumam dizer que sexualidade é um conceito amplo: envolve o jeito de se relacionar com o mundo, de ser homem, de ser mulher, de viver as relações amorosas e sexuais. Ou seja, é muito mais do que sexo, do que o ato sexual em si.

463 *O que é SEXO ANAL?*

É a penetração do pênis no ânus. Detalhe: usar camisinha é fundamental, pois o sexo anal é uma das principais formas de se transmitir as DST (doenças sexualmente transmissíveis).

464 *O que é SEXO ORAL?*

É o toque feito com a boca direto nos genitais (pênis, vagina) com o objetivo de dar e de sentir prazer. Detalhe: é preciso usar camisinha tanto no sexo oral feito no homem (usa-se o preservativo) como na mulher (a opção aqui é a camisinha feminina).

465 *O que é SODOMIA?*

É o mesmo que coito anal (ou sexo anal). Trata-se de uma palavra pouco usada atualmente para se referir a essa prática.

466 *O que é SOROPOSITIVO?*

É o portador do vírus da aids. Detalhe: aids ainda não tem cura, só controle. Portanto: é fundamental se prevenir desta e de outras doenças usando camisinha em todas as práticas sexuais.

467 *O que é TANTRA?*

Filosofia milenar oriental que acredita, entre outras coisas, que a mulher é uma divindade e que ela deve comandar a relação sexual. O tantra sugere uma série de exercícios e técnicas para tornar o sexo mais prazeroso para o casal. Uma delas: tudo precisa ser feito beeeeem devagar.

468 *O que é TAOÍSMO?*

Ensinamento milenar oriental que, entre outros temas, tem uma visão especial sobre a prática do sexo e o caminho para atingir o prazer. Uma das dicas do taoísmo: o homem deve prolongar ao máximo a relação sexual, tentando deixar o orgasmo bem para depois (e, assim, aproveitar mais dessa energia que o sexo faz circular entre o casal).

469 *O que é TESÃO?*

O mesmo que desejo sexual. É um jeito mais popular de dizer a mesma coisa.

470 *O que é TESTE ANTI-HIV?*

É o teste que se faz para verificar se a pessoa está ou não contaminada com o vírus HIV, o causador da aids. É importante fazer o teste sempre que ocorrer prática sexual de risco (sexo sem camisinha, por exemplo). E é importante também lembrar que o teste não previne contra a doença: apenas informa se a pessoa está contaminada ou não. Para evitar a aids e as outras doenças sexualmente transmissíveis, é preciso usar camisinha – sempre!

471 *O que é TESTÍCULO?*

Os testículos são as glândulas sexuais masculinas que produzem os espermatozóides (células masculinas de reprodução). Eles podem ter até 400 metros de tubos seminíferos (uma rede de canais onde são produzidos os espermatozóides).

472 *O que é TPM?*

É a sigla para tensão pré-menstrual. TPM é coisa séria: no período pré-menstrual (ou seja, um pouco antes da menstruação), há pessoas que sofrem grandes alterações de humor e também físicas, como inchaços, dores de cabeça e outros incômodos. Vale uma visitinha a um médico (ginecologista ou até mesmo clínico geral) para, com a ajuda dele, tentar amenizar esse quadro.

473 *O que é URETRA?*

Orifício por onde sai a urina de homens e mulheres. Nos homens, é também por onde sai o sêmen na hora da ejaculação.

474 *O que é UROLOGISTA?*

É o médico que os rapazes devem visitar com freqüência (pelo menos uma vez por ano) para ver se está tudo OK com o pênis e toda a região genital. Urologia é o ramo da medicina que estuda as vias urinárias (é por isso que tem mulher que vai ao urologista também!).

475 *O que é VAGINA?*

Órgão genital feminino. É um tubo que costuma ter 8 centímetros de profundidade e 2,5 centímetros de diâmetro (só que as paredes da vagina ficam coladas se a mulher não está excitada). Com o prazer sexual, a vagina se lubrifica e dobra de tamanho (passa a medir 16 centímetros de profundidade em média) para receber o pênis.

476 *O que é VAGINISMO?*

É uma contração involuntária dos músculos da vagina que impede que a penetração ocorra. Isso geralmente acontece quando a mulher fica tensa demais com o ato sexual. O que fazer? Procurar descobrir as causas desse nervosismo (o que pode ser feito com a ajuda de um terapeuta sexual) para aprender a lidar melhor com elas e, assim, conseguir relaxar para que a penetração ocorra.

477 *O que é VIRGINDADE?*

Teoricamente, é quando o hímen (membrana que recobre a entrada da vagina) ainda não se rompeu. Ou seja, é considerada virgem a garota que ainda não teve a primeira transa com penetração vaginal. O curioso é: muitas vezes, a menina já faz outros tipos de prática sexual sem o rompimento do hímen, como sexo oral ou anal, e é considerada virgem (mas será que nesses casos deveria ser considerada mesmo virgem?!).

478 *O que é VULVA?*

O significado básico da palavra é cobertura. É uma parte da região genital que inclui o monte púbico, o clitóris, a abertura da vagina e os lábios externos.

479 *O que é VOYEURISMO?*

É quando a pessoa sente prazer sexual ao observar atividades sexuais dos outros. Muita gente fica estimulada quando dá uma espiada na transa dos outros (por exemplo, ao assistir um filme erótico). Até aí, tudo bem. Mas é sinal de problema se a pessoa só tem prazer quando observa os outros (ou seja, só se excita ou só chega ao orgasmo assim). Aí, é o caso de buscar a ajuda de um especialista: um psicólogo ou terapeuta sexual.

480 *O que é ZONA ERÓGENA?*

As zonas erógenas são os pontos de prazer no corpo feminino e no masculino. São aquelas áreas que, quando acariciadas de alguma forma, surtem prazer sexual.

TESTE SEUS CONHECIMENTOS

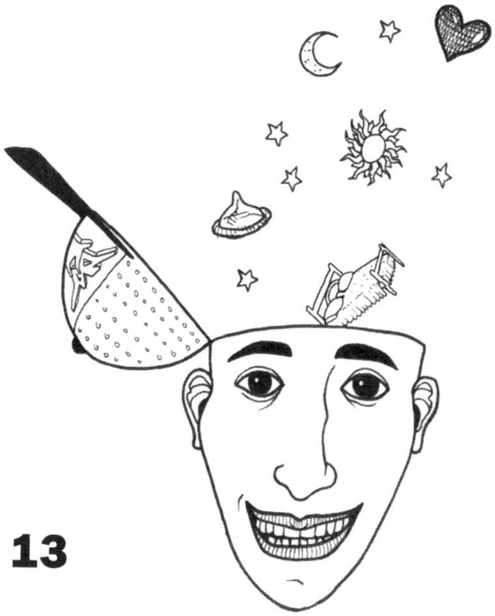

Capítulo **13**

O propósito do corpo é levar o cérebro para passear.

Thomas Edison, inventor (1847-1931)

Que tal um desafio agora? Vamos ao que costumo chamar de "Jogo da Verdade": será que você já sabe tudo sobre sexo (e até merece o título de *expert* na roda de amigos)? Ou ainda há coisas que precisa descobrir? Para verificar como andam seus conhecimentos, faça o teste a seguir: são apenas 20 perguntinhas finais superbásicas! Depois, confira o resultado (e inspire-se a procurar sempre mais e mais respostas, seja revendo os capítulos deste livro, seja onde mais considerar interessante e adequado!).

PERGUNTAS DO TESTE

Estas são as 20 perguntas finais...
mas para você responder: é o "Jogo da Verdade".

481 *Qual o tamanho médio do pênis em ereção?*

a. 10 centímetros.
b. 14,5 centímetros.
c. 22 centímetros.

482 *Vagina aumenta de tamanho?*

a. Claro que não: só se a garota nascer de novo!
b. Claro que sim: na hora da excitação, ela duplica de tamanho!
c. Varia de pessoa para pessoa.

483 *Qual a idade certa para iniciar a vida sexual?*

a. Quando você se sentir preparado(a).
b. Quando o(a) namorado(a) estiver a fim.
c. Mais ou menos aos 15 anos.

484 *Sexo oral transmite doenças?*

a. Pode transmitir, sim!
b. Não, só o sexo anal.
c. Não, só a penetração vaginal.

485 *Para fazer sexo sem risco de gravidez ou de pegar doenças, o que é melhor usar: camisinha ou anticoncepcional?*

a. Camisinha.
b. Anticoncepcional.
c. Os dois se complementam!

486 *De quem é a responsabilidade pelo orgasmo feminino?*

a. Mais do homem: se ele for bom de cama, tudo certo.
b. Mais da mulher: ela é quem deve descobrir como chegar lá.
c. Da natureza: há mulheres que nasceram para ter, outras não.

487 *Dá para chegar ao orgasmo com sexo anal?*

a. De jeito nenhum: sempre dói ou incomoda.
b. Claro que dá! E quanto mais a fim você estiver, melhor.
c. É uma loteria: se você tiver sorte, consegue.

488 *Quando o homem perde a ereção, é porque:*

a. Não está mais a fim da parceira.
b. Só pode ter algum problema físico, e precisa tomar remédio!
c. Há diversas razões: físicas, emocionais ou ambas.

489 *Por que ocorre a ejaculação rápida (precoce)?*

a. Só pode ser porque ele está muuuito a fim daquela garota.
b. Só pode ser porque ele está muuuito a fim de fazer sexo.
c. Pode ser tanto porque ele está a fim de fazer sexo como muito a fim da garota, mas é principalmente porque ele está muuuito ansioso!

490 *Quando estamos liberados de usar camisinha?*

a. Quando o namoro ficar sério.
b. Depois do teste do vírus da aids.
c. Não dá para se liberar da camisinha!

491 *Como eu escolho a melhor camisinha para mim?*

a. Um amigo pode indicar aquela de que ele mais gostou e tudo certo.
b. O ideal é cada pessoa experimentar e descobrir a que prefere.
c. Qualquer uma serve.

492 *Qual é a hora certa de colocar a camisinha masculina?*

a. Assim que o pênis ficar ereto.
b. Varia de pessoa para pessoa.
c. Alguns segundos antes da penetração.

493 *Qual a duração do orgasmo da menina?*

a. Por volta de um minuto a um minuto e meio.
b. Por volta de 45 segundos.
c. Por volta de 10 segundos ou até menos do que isso.

494 *Tudo bem transar menstruada?*

a. Claro que sim!
b. Claro que não!
c. Depende...

495 *Quem ainda não completou um ano de menstruação pode engravidar?*

a. Sim.
b. Não.
c. Só se a menstruação tiver um fluxo enooooorme.

496 *Ficar passando o pênis fora da vagina traz o risco de engravidar?*

a. Há risco, sim.
b. Não há risco, não.
c. Só há risco se ejacular por ali.

497 *Como a menina pode desconfiar que está grávida sem fazer o exame?*

a. Um sinal é quando a menstruação vem pouquinho.
b. Um sinal é quando a menstruação não vem.
c. Um sinal é quando a menstruação vem bastante.

498 *Se tomar pílula, a menina corre o risco de não poder ter filhos mais tarde?*

a. Uma coisa não tem nada a ver com a outra.
b. Corre esse risco, sim!
c. Corre esse risco só se ficar muito tempo tomando pílula.

499 *Se ficar grávida, a menina pode ter um sangramento tipo menstruação?*

a. De jeito nenhum!
b. Pode ocorrer um sangramento, sim, e a garota confundir com menstruação!
c. Sangramento nada: é a menstruação vindo normalmente!

500 *Se transar com camisinha mas a menstruação faltar, a garota pode estar grávida?*

a. Talvez sim, talvez não.
b. Claro que sim!
c. Claro que não!

RESULTADO DO TESTE

Estas são as 20 respostas finais mais adequadas.
Confira seus conhecimentos!

Pergunta: 481) Resposta: b)

O tamanho médio do pênis adulto em ereção é 14,5 centímetros. Vale saber: pênis de 22 centímetros (como muitos homens acham que deveriam ter) são pouco comuns. Detalhe importante: tamanho não é documento!!! No sexo, o que mais importa é a troca de carícias, de afeto... Enfim, o jeito de se relacionar com a pessoa que está com você!

Pergunta: 482) Resposta: b)

Em repouso, a vagina fica com as paredes coladas e tem uma profundidade de 8 centímetros, em média. Quando a garota se excita, ela dobra de tamanho: fica com cerca de 16 centímetros, se alarga e se lubrifica para receber o pênis.

Pergunta: 483) Resposta: a)

Não há idade certa para começar a transar. O importante é se sentir preparado(a) para isso: você precisa estar realmente a fim e bem informado sobre como evitar doenças sexualmente transmissíveis e gravidez fora de hora. Só você pode decidir qual o momento ideal. Não vale ceder à pressão de ninguém.

Pergunta: 484) Resposta: a)

Pode transmitir uma série de vírus e bactérias, como o vírus HPV (Papiloma Vírus Humano), que é supersério: está relacionado a 99% dos casos de câncer de colo de útero e hoje já atinge cerca de 30% da população, segundo estudos. Ou seja: é preciso usar camisinha também no sexo oral. Lembre-se disso!

Pergunta: 485) Resposta: c)

A camisinha é indicada para você ficar livre de doenças sexualmente transmissíveis, enquanto o anticoncepcional é o método mais recomendado pelos médicos para evitar a gravidez. Portanto, camisinha e anticoncepcional se complementam e formam uma dupla infalível para você viver sua vida sexual de forma segura e com muito prazer.

Pergunta: 486) Resposta: b)

Não adianta a mulher querer depositar todas as fichas na performance do parceiro. Muito menos achar que orgasmo feminino tem alguma coisa a ver com sorte. Na verdade, é ela quem melhor pode conhecer seu próprio corpo e descobrir o caminho para atingir o clímax. Relaxar, não se cobrar demais e procurar perceber-se melhor (onde sente mais prazer, por exemplo) pode ser um bom começo.

Pergunta: 487) Resposta: b)

É possível atingir o orgasmo com sexo anal, sim. Em primeiro lugar, é preciso estar de fato a fim (fazer só para agradar ao parceiro, por exemplo, não tem nada a ver). Depois, entram em jogo algumas dicas, como usar camisinha, que é fundamental nessa e em outras práticas!

Pergunta: 488) Resposta: c)

Há tanto causas físicas como emocionais, ou a combinação de ambas, para os casos da dificuldade de ter ou de manter a ereção. É um mito dizer que o homem falhou só porque não está mais a fim da parceira. Isso pode até ocorrer, claro. Mas há também N outras razões. E não se resolvem todos os casos com um remédio: os medicamentos são indicados para os casos em que a dificuldade tem a ver com a parte orgânica. Quando é de fundo emocional (como, por exemplo, ansiedade por uma série de razões), o tratamento mais indicado é fazer terapia sexual.

Pergunta: 489) Resposta: c)

A ansiedade é a principal causa da ejaculação rápida. É possível aprender a lidar com ela. Ou seja: há tratamento. Uma opção é buscar ajuda de um especialista (psicólogo ou terapeuta sexual).

Pergunta: 490) Resposta: c)

Não dá para se liberar da camisinha, pois essa é a única forma de evitar a transmissão de doenças (mesmo que o namoro fique sério!!!).

Pergunta: 491) Resposta: b)

O ideal é experimentar camisinhas até descobrir a melhor para você. A sugestão do amigo ou da amiga pode ser uma boa, mas só você poderá avaliar qual é a mais bacana para as suas necessidades. E não é qualquer uma que serve, não. Pode ser que uma ou outra provoque uma certa alergia ao látex, por exemplo. Há ainda as que são apenas um acessório a mais, como alguns tipos vendidos em *sex shops* que brilham no escuro. Essas são só para o casal se divertir um pouco – e não para evitar as DST (doenças sexualmente transmissíveis).

Pergunta: 492) Resposta: a)

Assim que o pênis ficar ereto, e não apenas antes da penetração. Isso vale para todas as pessoas.

Pergunta: 493) Resposta: c)

Varia de pessoa para pessoa e de acordo com o dia (quanto mais estimulada a menina estiver, mais longo será). Mas dura, em média, 10 segundos.

Pergunta: 494) Resposta: c)

Depende. Se a menstruação vier, não faz mal algum transar nesses dias, desde que vocês usem camisinha. Usar camisinha é básico: caso contrário, não dá, pois há risco de transmissão de doenças sexualmente transmissíveis.

Pergunta: 495) Resposta: a)

Pode, sim! Isso porque a menstruação é sinal de que houve um ciclo menstrual, com a liberação de um óvulo por um dos ovários. Ou seja, houve um ciclo com a presença de dias férteis, em que a menina está sujeita a engravidar.

Pergunta: 496) Resposta: a)

Corre o risco, sim, pois nessa hora uma pequena quantidade de lubrificante do garoto, que já pode conter espermatozóides, pode ser liberada na vagina, até mesmo sem o menino perceber.

Pergunta: 497) Resposta: b)

O atraso da menstruação pode ser um grande sinal, mas o ideal mesmo é ir ao médico e fazer um exame de gravidez (de sangue ou de urina), que dá o resultado mais preciso. Alguns testes vendidos em farmácias também podem funcionar, mas nada disso descarta a ida ao médico.

Pergunta: 498) Resposta: a)

A pílula não elimina a capacidade de engravidar no futuro, caso a pessoa queira, garantem os médicos. Aliás, quem esquece de tomar a pílula da cartela por dois dias ou mais já está supersujeita a engravidar!!!

Pergunta: 499) Resposta: b)

Pode ser que um sangramento ocorra e você confunda com menstruação. Mas não é. A menstruação é a descamação da camada interna do útero e ocorre apenas quando o óvulo não foi fecundado (ou seja, quando a menina não engravidou durante seu período fértil).

Pergunta: 500) Resposta: a)

Se houver algum contratempo com a camisinha, como ela se romper durante a transa, ou escapar, fazendo com que o sêmen vaze, por exemplo, isso pode levar à gravidez, sim. Mas também a ausência de menstruação pode ser apenas uma alteração que algumas meninas apresentam, pois na adolescência o ciclo menstrual costuma ser bem irregular. De qualquer forma, o ideal é ir ao médico (ginecologista) sempre que surgir esse tipo de preocupação: essa é a melhor maneira de verificar o que está de fato ocorrendo com você.

P.S. – Se você chegou até esta página, após ler todas as outras... Ufa! Parabéns!!! Foi uma grande jornada! E espero que tenha sido reveladora, prazerosa e transformadora.

Se quiser saber mais sobre sexo, há vários caminhos, entre eles continuar lendo livros e outras publicações bacanas, consultar educadores, assistir a palestras, ou até mesmo ir para a internet e procurar conteúdos educativos por lá (na próxima página, seguem sugestões de alguns endereços eletrônicos bem interessantes e educativos).

Mais uma coisa: reciclar idéias faz bem para o planeta, ouvi uma amiga dizer. E assino embaixo! Que tal, então, fazer as idéias deste livro circularem entre seus amigos? Se a leitura foi interessante para você, pode ser bem útil para eles também...

Até a próxima!

Para saber mais

Você quer saber mais sobre sexo? Confira os sites:

www.terra.com.br/jovem
Site que abriga as minhas colunas sobre sexo desde 2002. Tem uma lista grande de perguntas endereçadas a mim (e respondidas, claro!) e ainda um espaço para enviar sua dúvida, que passa por uma seleção e, se escolhida pela redação, é publicada com a resposta. Vale conferir!

www.aids.gov.br
Site do Ministério da Saúde com muita informação importante sobre aids e prevenção de doenças. É um canal para você saber mais sobre como andam as DST (doenças sexualmente transmissíveis), onde pode conseguir camisinha de graça e as campanhas que existem por aí.

www.kaplan.org.br
Esse é de um instituto que trabalha basicamente com educação sexual há mais de 10 anos. Eu já fiz parte desse instituto e recomendo: é um excelente local para buscar ajuda quando necessário.

www.sbrash.org.br
Site da Sociedade Brasileira de Estudos em Sexualidade Humana com informações gerais sobre congressos, eventos e bibliografias científicas. Talvez mais indicado para especialistas da área (ou para quem quer se informar sobre eles).

www.objetiva.com.br
Página da Editora Objetiva, que tem uma série de títulos interessantes sobre comportamento e sexualidade, incluindo o meu primeiro livro sobre sexo, cujo título é *500 Perguntas Sobre Sexo – Respostas para as Principais Dúvidas de Homens e mulheres*, direcionado mais para homens e mulheres adultos. Nesse site, dá para se informar sobre vários outros títulos bacanas e como adquiri-los.

Sobre a autora

Laura Muller

É jornalista e educadora sexual pós-graduada pela Sociedade Brasileira de Estudos em Sexualidade Humana (SBRASH). É autora do livro *500 Perguntas Sobre Sexo – Respostas para as Principais Dúvidas de Homens e Mulheres*, escrito em parceria com o ginecologista Nelson Vitiello (2001), do almanaque *Plantão Playboy – O que Você Quer Saber sobre Sexo*, vendido em bancas pela revista *Playboy* (2002), e dos manuais de educação sexual *Sexo Legal – Para 7ª e 8ª séries* e *Sexo Legal – Para 1º, 2º e 3º anos*, distribuídos em escolas pela revista *Capricho* (2003 e 2004).

Trabalha como colunista de comportamento e sexualidade do programa *Planeta Cidade*, da TV Cultura. É também palestrante, atuando em escolas, empresas e congressos científicos, com temas como "Educação Sexual do Adolescente", "Sexo e Qualidade de Vida", "A História da Sexualidade" e "Sexo e Meios de Comunicação", entre outros.

Foi editora de "Emoções e Sexo" da revista *Claudia* entre 1997 e 2001, colunista de sexualidade da revista *Capricho* e do portal *Terra*, dos canais Jovem e Mulher, entre 2002 e 2005 e educadora sexual do programa *Intimidade Pública*, da TV via internet All TV, em 2003. Começou a carreira de jornalista nos jornais *Folha de S. Paulo* e *Folha da Tarde*, onde atuou de 1992 a 1996.

De lá para cá, dedica-se aos estudos de sexualidade e é consultora eventual de programas de TV, rádio, jornais, revistas e internet, além de ter grande número de artigos e reportagens publicados na última década em revistas como *Claudia*, *Nova*, *Elle*, *Marie Claire*, *Uma*, *Playboy*, *Vip*, *Capricho* e *Nova Escola*, entre outras.

Teve também uma rápida passagem pela TV Record, como diretora de conteúdo do programa feminino *Note e Anote* (entre 2001 e 2002), e pelo Instituto Kaplan de Sexualidade, como consultora de projetos com mídia (2003).

Entre 2001 e 2004, atuou como professora de "Sexualidade e Mídia", "Sexualidade e Publicidade", "Sexualidade e Moda" e "Sexo nas Diferentes Culturas" dos cursos de pós-graduação em Educação e Terapia Sexual da SBRASH em São Paulo, vinculados à Faculdade de Medicina do ABC. Hoje, continua como membro da SBRASH, participando como palestrante em eventos e congressos.

Todos os direitos desta edição reservados à
EDITORA OBJETIVA LTDA. Rua Cosme Velho, 103
Rio de Janeiro – RJ – CEP: 22241-090
Tel.: (21) 2199-7824 – Fax: (21) 2199-7825
www.objetiva.com.br

Capa
Sergio Liuzzi
Amanda Mattos

Ilustrações de miolo
Gustavo Liuzzi

Revisão
Umberto Pinto Figueiredo
Neusa Peçanha
Tereza da Rocha

Editoração Eletrônica
FA – Editoração Eletrônica

M958p
Muller, Laura
500 perguntas sobre sexo do adolescente : Um guia para jovens, educadores e pais / Laura Muller. – Rio de Janeiro : Objetiva, 2005

253 p. : ilustrado
IBN 85-7302-753-3

1. Adolescentes – Comportamento sexual. I. Título

CDD 155.53
613.95

markgraph

Rua Aguiar Moreira, 386 - Bonsucesso
Tel.: (21) 3868-5802 Fax: (21) 2270-9656
e-mail: markgraph@domain.com.br
Rio de Janeiro - RJ